Edmund Husserl

C

Reihe Campus
Einführungen
Band 1087

Herausgegeben von
Hans-Martin Lohmann (Heidelberg)
Alfred Paffenholz (Bremen)
Willem van Reijen (Utrecht)
Martin Weinmann (Wiesbaden)

Edmund Husserl (1859-1938) hat ein philosophisches Werk hinterlassen, das zwar nicht im engeren Sinne schulbildend geworden ist, aber auf viele zeitgenössische Denker von Heidegger bis Sartre großen Einfluß ausgeübt hat. Husserl ist ein schwieriger Autor. Obwohl auch heute noch wie selbstverständlich über seine schwierige Phänomenologie geschrieben wird, vermißt man eine klare Antwort auf die einfache Frage: Weshalb quälte sich Husserl überhaupt mit den Problemen, an deren Lösung seine Philosophie sich lebenslang versuchte? Die Antwort darauf gibt die gut lesbare Einführung von Franz Josef Wetz, indem sie sich einer Quelle bedient, die erst 1993 zugänglich wurde, nämlich des Husserlschen Briefwechsels. Aus den Briefen Husserls wird deutlich, daß unter dem hochabstrakten Gedankengebäude des publizierten Werkes eine Tiefenschicht existiert, die sich aus abgründigen Ängsten und Zweifeln speiste. Husserls rationale Philosophie, die nach letzten Begründungen suchte, ist die Antwort eines von Lebensnot geplagten »Sinnsuchers« auf eine Welt, die er in Naturalismus, Relativismus und »Gottlosigkeit« versinken sah.

Franz Josef Wetz, Jg. 1958, ist Professor für Philosophie an der Pädagogischen Hochschule Schwäbisch Gmünd. Er veröffentlichte u.a. Einführungen in die Philosophie von Hans Blumenberg (1993) und Hans Jonas (1994).

Franz Josef Wetz

Edmund Husserl

Campus Verlag
Frankfurt/New York

Redaktion: Hans-Martin Lohmann

Die Deutsche Bibliothek – CIP-Einheitsaufnahme

Wetz, Franz Josef:
Edmund Husserl / Franz Josef Wetz. –
Frankfurt/Main ; New York : Campus Verlag, 1995
(Reihe Campus ; Bd. 1087 : Einführungen)
ISBN 3-593-35423-3
NE: GT

Umschlaggestaltung: Atelier Warminski, Büdingen
Satz: Fotosatz L. Huhn, Maintal-Bischofsheim
Druck und Bindung: Friedrich Pustet, Regensburg
Dieses Buch wurde auf säurefreiem und chlorfrei gebleichtem Papier gedruckt.
Printed in Germany

Inhalt

Siglen

Hua	Husserliana – Edmund Husserl, Gesammelte Werke. Auf Grund des Nachlasses veröffentlicht vom Husserl-Archiv (Leuven) in Verbindung mit Rudolf Boehm unter Leitung von Samuel Ijsseling, Den Haag, 1950 ff. Stand 1994: 28 Bände
B	Husserliana – Edmund Husserl: Briefwechsel in zehn Bänden, Dokumente. Auf Grund des Nachlasses veröffentlicht vom Husserl-Archiv (Leuven) unter Leitung von Samuel Ijsseling, herausgegeben von Karl und Elisabeth Schuhmann, Dordrecht/Boston/London 1993
LU I	Logische Untersuchungen. Prolegomena zur reinen Logik, Tübingen 1980
LU II/1	Logische Untersuchungen. Untersuchungen zur Phänomenologie des Erkennens, Tübingen 1980
LU II/2	Logische Untersuchungen. Elemente einer phänomenologischen Aufklärung des Erkennens, Tübingen 1980
IP	Die Idee der Phänomenologie, Hamburg 1986
PW	Philosophie als strenge Wissenschaft, Frankfurt/M. 1981
Id I	Ideen zu einer reinen Phänomenologie und phänomenologischen Philosophie, Tübingen 1980
G	Grundprobleme der Phänomenologie 1910/11, Hamburg 1977

PZ	Vorlesungen zur Phänomenologie des inneren Zeitbewußtseins, Tübingen 1980
FtL	Formale und transzendentale Logik, Tübingen 1981
CM	Cartesianische Meditationen, Hamburg 1977
EU	Erfahrung und Urteil, Hamburg 1985

Gesammelte Schriften/Edmund Husserl. Hrsg. von Elisabeth Ströker, Hamburg 1992

Einleitung

Husserl ist ein bedeutender Philosoph des 20. Jahrhunderts – und die wenigsten wissen, warum.

Es gibt zwar zahlreiche Schriften von ihm, zahllose Abhandlungen über ihn, aber in allen vermißt man eine klare Antwort auf die einfache Frage: Weshalb sah er überhaupt die Probleme, mit denen seine Philosophie, die transzendentale Phänomenologie, sich befaßt, die aber zuvor keiner bedachte?

Im Gegensatz zu anderen Einführungen in sein Werk soll deshalb diese Frage und im Zusammenhang damit das grundlegende Daseinsverständnis, wie es sich aus seiner gesamten Philosophie ergibt, den Mittelpunkt dieses Buches bilden. In Husserls oft hochabstrakten Texten wird das fast ganz verdeckt. Dabei geht es um die wichtige Frage, wo seine Gedanken und Ausführungen ihren »Sitz im Leben« haben – auch und vor allem in seinem eigenen. Da Husserl seine Philosophie als strenge Wissenschaft darstellt, verraten die Schriften nur wenig von existentiellen Selbst- und Welterfahrungen, welche ihnen doch zugrundeliegen; deshalb ist die Frage danach schwer zu beantworten. Meine Grundthese ist, daß sein wissenschaftliches Werk, in dem von einem Drang nach Lebensnähe so gut wie nichts zu spüren ist, dennoch in letzten Lebens- und Weltgefühlen wurzelt. Mehr noch, daß seine Philosophie aus bestimmten Ängsten und Befürchtungen erwuchs, die ihn das Dasein zeitweilig zur

Qual werden ließen. Sein Werk ist durch und durch Philosophie, doch zugleich Träger und Abbild seines Lebens. Dafür spricht der ständige Drang zu schreiben, gewissermaßen Texte zu verfassen, um weiter denken zu können. So entstanden zahllose Schriftstücke, Fragmente, in denen er immer wieder neu formulierte, was er schon so häufig durchdacht hatte. Der von Elisabeth und Karl Schuhmann 1993 herausgegebene Briefwechsel, in dem oft die Rede ist von auswegloser Not, schwankendem Boden oder dem Ringen um ein philosophisches Leben aus letzter Rechtfertigung, belegt diese Vermutung aufs nachdrücklichste.

Deutlich erkennt der Leser, daß solche Art zu philosophieren für ihn Lebensbedingung war, mochten die Not seiner Zeit und sein von Sorgen und Schicksalsschlägen gezeichnetes Dasein ihn auch immer von neuem in tiefe Existenzkrisen stürzen. Und das Gottesproblem stand im Hintergrund von allem, wenn auch seine Bücher darüber nichts verlauten lassen. Dabei fällt eine merkwürdige Diskrepanz zwischen Anspruch und Wirklichkeit auf. Husserl strebte stets nach absoluter Klarheit und systematischer Vollständigkeit, erreichte diese Ziele aber nur selten, so daß man geneigt ist, mit Kant zu sagen: »Manches Buch wäre viel deutlicher geworden, wenn es nicht so gar deutlich hätte werden sollen.«[1] Das wahre Problem bildet jedoch der Inhalt seiner Ausführungen selbst, über die heute oft allzu selbstverständlich gesprochen und geschrieben wird. Wer fragt, weswegen man sich alle die schwierigen Texte Husserls überhaupt aneignen soll, beweist aber keineswegs einen Mangel an philosophischem Geist! Voltaire verabschiedete am Ende des *Candide* alle philosophischen Fragen und ließ sich seinen Titelhelden anschließend nur noch um den Garten kümmern: »Das ist das einzige Mittel, sich das Leben erträglich zu machen.«[2] Husserls teilweise schwer zugängliche Darlegungen rufen im Leser eine Frage hervor, die auch Voltaire gestellt haben könnte: Warum meinte er, alles das schreiben zu müssen, was er schrieb, ja, warum begnügte er sich nicht einfach damit, den Garten zu bestellen, die Blumen zu gießen, das Unkraut zu jäten? Die Antwort darauf wird gerade eine unserer Hauptaufgaben sein.

Seitdem Nietzsche Gottes Tod verkündete, sind mehr als hundert Jahre vergangen. Er prophezeite, es werde 200 Jahre dauern, bis dieses »ungeheure Ereignis«[3] zu den Ohren aller Europäer gedrungen sei, und noch sehr viel mehr Zeit würde benötigt werden, bis sie es verarbeitet, sich damit abgefunden hätten. Dabei meinte er mit dem Tod Gottes mehr als nur das Ende des Christentums, jene berühmt-berüchtigte Formel bedeutet vor allem die völlige Entwertung aller bis dahin geltenden Werte des Abendlandes. Bereits heute hat das Weltall seine Sinngestalt verloren und der Mensch darin seine Bedeutsamkeit. Den Wert- und Sinnverlust von Welt und Kreatur, der die Menschheit dem kalten Licht einer gottlosen Realität preisgibt, in tiefe Halt- und Orientierungslosigkeit stürzt, nannte Nietzsche Nihilismus. Diese Zeit des Nihilismus war als Übergangszustand, nicht als Endstadium gedacht, in welchem die alten Vorstellungen und Ideale abendländischer Philosophie keine nennenswerte Rolle mehr spielen würden.

Husserl litt wie viele andere auch an dieser von Nietzsche vorausgeahnten Übergangszeit, an der Zersetzung aller bis dahin geltenden Werte, und bäumte sich mit aller Kraft dagegen auf. Er kann als Nietzsches schärfster Gegner gelten, der alles das noch einmal zu retten suchte, was jener als vergangen und verfehlt ansah: die Vorstellung der Welt als eines geordneten Sinnzusammenhangs, die Existenz der Vernunft und den Glauben an ihre Allherrschaft, die Auszeichnung des Menschen als eines alle übrigen Lebewesen überragenden Vernunftwesens, die Möglichkeit philosophischer Letztbegründung als absoluter Erkenntnis, schließlich das Bild einer auf die allmähliche Entfaltung der Vernunft hinzielenden Geschichte. Auch wenn sich solche Vorstellungen in der gegenwärtigen Philosophie kaum noch besonderer

Wertschätzung erfreuen, besteht dennoch kein Grund, überheblich die Nase zu rümpfen über das, was Husserl nachts nicht schlafen ließ, denn seine Ängste und Sorgen könnten auch unsere werden. Sie sind es sogar für viele noch und für andere schon wieder.

Eine persönliche Auseinandersetzung mit Nietzsche suchte Husserl aber nie. Seine Hauptgegner hießen Naturalismus und Relativismus, zwei Positionen, die er nicht nur als philosophisch unhaltbar bekämpfte, sondern auch als existentiell unerträglich empfand. Trotz all seiner Bemühungen ist der Naturalismus heute dennoch zu einer das Geistesleben bestimmenden Richtung geworden und der Relativismus eine maßgebliche Tendenz unserer Zeit.

Immer wieder vernimmt man, daß alles, was es gibt, »nur« Natur sei – man darf hinzufügen: wissenschaftlich zu erklärende Natur. Beginnend mit der Welt im großen, dem unermeßlichen Universum, und endend beim Menschen, einem winzigen Stäubchen darin, sehen heute viele die gesamte Wirklichkeit als einen wert- und zwecklosen Naturzusammenhang, anonymes Spiel blinder Naturkräfte, in dem der Mensch, Zufallsprodukt einer langen, ungerichteten Naturgeschichte, nicht mehr als nur ein von Genen und Neuronen beherrschtes, ohnmächtiges Teilchen darstellt. Freilich gab es einzelne naturalistische, materialistische oder atomistische Menschen- und Weltbilder seit jeher in der Geschichte der abendländischen Philosophie, aber noch nie war die grundsätzliche Bereitschaft unter den Philosophen so groß, diese ohne Einspruch hinzunehmen, teils mit, teils ohne Einschränkungen in sie einzuwilligen. Diese gewaltige Überzeugungskraft des Naturalismus hat mehrere Ursachen. Eine davon ist sicherlich der stetige Erkenntnisfortschritt in den Naturwissenschaften, auch in denen vom Menschen. Er läßt mythische, religiöse wie metaphysische und vernunftphilosophische Menschen- und Weltbilder schon lange fragwürdig erscheinen.

Ähnlich steht es mit dem Relativismus. Es gibt heute viele

Weltanschauungen, Lebensformen, Meinungen nebeneinander, von denen keine für sich allein absolute Wahrheit beanspruchen darf – einerseits aus der pragmatischen Erkenntnis, daß wir Menschen uns über Sinn- und Wertfragen wohl niemals einigen werden, andererseits aus philosophischer Einsicht in die tatsächliche Relativität aller Wertsysteme und Weltanschauungen. Anscheinend müssen wir damit leben, daß es mehrere einander widersprechende Lebensformen, Begriffe des Guten, Deutungen und Bewertungen der Wirklichkeit gibt. Die heutigen Losungen heißen dementsprechend Vielfalt und Diskontinuität, nicht mehr Einheit und Kontinuität.

Dennoch fehlt es auch gegenwärtig keineswegs an kritischen Stimmen zum immer weiter sich verbreitenden Naturalismus und Relativismus. Sie haben aber das allgemeine Bewußtsein gegen sich und verklingen deshalb oft ungehört. Das war zu Beginn unseres Jahrhunderts noch anders, als Denker wie Husserl die philosophischen Katheder betraten, um sich mit reflexionsphilosophischem Scharfsinn sowohl gegen den relativistischen Pluralismus der Weltanschauungen als auch die zunehmende Verselbständigung und Alleinherrschaft der Naturwissenschaften zu wehren.

In stets sorgfältigen und im Urteil immer abgewogenen Auseinandersetzungen hielt Husserl diesen Tendenzen seiner Zeit eine Philosophie entgegen, die er transzendentale Phänomenologie nannte. Darin ist die Natur eben nicht »nur« Natur, sondern ein geordneter, anschaulicher Vernunftzusammenhang, der Mensch nicht »nur« ein Teil der Natur, sondern auch eine Persönlichkeit, ein aus der Natur herausragendes Subjekt. Oberflächlich gesehen schuf er vor allem eine idealistische Theorie des Naturerkennens, näher betrachtet war er aber ein Philosoph wider Naturalismus und Relativismus, die er wie sonst kaum einer für die Kulturkrise der modernen Welt verantwortlich machte. Zwar urteilte er so nicht von Anfang an. Zu einem ausgesprochen antinaturalistischen Denker wurde er erst im Laufe der Zeit, wie die folgende Entwicklung seines Denkweges zeigen wird: von der deskriptiven Phänomenologie zur transzendentalen Phänomenologie und deren Vertiefung in einer genetischen Konstitutionsanalyse bis hin zur Idee der lebensweltlichen Fundierung der Wissenschaften im Spätwerk.

1. Jahre der Orientierung

1891 veröffentlichte Husserl sein erstes Buch *Philosophie der Arithmetik.* Darin vertrat er noch eine Denkrichtung, der er jedoch 1900/1 in seinem zweiten Werk *Logische Untersuchungen* völlig den Rücken kehrte, den Psychologismus. Ihm setzte er später eine Philosophie des Ansichseins entgegen. Während der Entwicklung seiner deskriptiven Phänomenologie gab er allerdings auch jene wieder auf.

1.1 Ein Mathematiker wird Philosoph

Von Anbeginn zielte Husserl auf eine Vernunftphilosophie, die den Ansprüchen strenger Wissenschaftlichkeit, höchster Klarheit, geordneter Übersichtlichkeit und letzter Begründungen genügen sollte. Alles andere hielt er nicht nur in sachlicher Hinsicht für unhaltbar, sondern auch existentiell für unerträglich. So war er Vernunftphilosoph nicht nur aus philosophischer Überzeugung, sondern auch aus innerer Not. Hinter abstrakter Schreibweise und nüchterner Denkart verbarg sich von Anfang an ein existentieller Kampf. Eisernes Pflichtbewußtsein zwang ihn, Philosophie fern von Verworrenheit und Beliebigkeit in strenger Wissenschaftlichkeit zu betreiben mit dem Ziel, dadurch den Weg zu Gott zu finden. Das beweist das Bekenntnis seines Wunsches, »mittelst einer strengen philosophischen Wissenschaft den Weg zu Gott und zu einem wahrhaften Leben zu finden. Aber nun fand ich, durch ... Mathematik zu intellektueller Reinlichkeit erzogen, daß die zeitgenössische Philosophie, die mit ihrer Wissenschaftlichkeit so groß that, völlig versagte und so der Idee der Philosophie – radikalst redliche Vollendung aller Wissenschaft sein zu sollen – Hohn sprach. Und nicht nur die damalige, auch alle historisch überkommene Philosophie versagte – überall Unklarheit, unausgereifte Vagheit, Halbheit, wo nicht gar intellektuelle Unredlichkeit. Nichts, was man hinnehmen, als Stück, als Anfang ernster Wissenschaft gelten lassen konnte.« (B IV, 408 f.) Als Student war er unter dem ungeheuren Eindruck »übermächtige(r) religiöse(r) Erlebnisse« (B IV, 408) nicht nur Christ geworden, diese Erlebnisse waren es auch, »die mich von der Mathematik in die Philosophie als Berufsstätte gedrängt hatten.« (B IV, 408)

In dieser Situation schien Husserl ein völliger Neubeginn nötig zu sein. Es war ein Aufbruch, dem eine tiefreligiöse Orientierung zugrundelag. Er begann mit logischen Untersuchungen, kam damit aber nur schwer voran, worüber er fast verzweifelte: »Dieses zähe Ringen nach festen Haltpunkten, nach einer sicheren Basis, nach einem Stück echter Wissenschaft..., dieser Kampf gegen all die Standpunkte und Quasi-Theorien, die sich im Grunde selbst nicht als objektiv bindend ausgeben – da liegt die Entscheidung über Erfolg und Mißerfolg, Glück und Unglück meines Lebens.« (B IX, 136) Ähnlich schrieb er kurze Zeit später in einem Brief an Natorp von einem »verzweifelten Ringen nach sicheren Grundpunkten für eine rationale Weltanschauung«. (B V, 64) Er hatte es in diesen Tagen »schwer, litt an langen Anfällen von Depression, bis zum völligen Sinken allen Selbstvertrauens« (B IV, 21); vergeblich suchte er »in den »Sümpfen haltloser Unklarheit« (V IV, 22) einen festen Grund, auf dem er wirklich stehen konnte. »So habe ich von Verzweiflung zu Verzweiflung, von Wiederaufraffen zu Wiederaufraffen fortgelebt. Und schließlich ist ... doch ein Anfang geworden – die Log. Unters., die mir nunmehr Halt und Ordnung geben.« (B IV, 22)

Alle diese Äußerungen müssen beim aufmerksamen Leser Überraschung hervorrufen. Normalerweise würde man doch nicht sagen, daß von logischen Untersuchungen »Sein oder Nichtsein abhängt.« (B IV, 22) Es klingt zunächst merkwürdig, daß hochabstrakte, durchaus trocken anmutende Darlegungen »aus unsäglicher seelischer Not« (B IV, 408) hervorgegangen sein sollen. Dieses Erstaunen löst sich aber auf, bedenkt man, daß es Husserl von Anbeginn um mehr als um logische Untersuchungen ging, sollten diese doch das Fundament eines auf Gott bezogenen und den Sinn der Welt aufzeigenden Denkgebäudes werden, eine »mühselige, aufreibende« (B I, 20) Arbeit. Warum verschwieg Husserl, der sich selbst einen »nach Licht und Klarheit leidenschaftlich Emporstrebenden« (B I, 46) nannte, seine wesentlichen Ziele in seinen Büchern? Darüber lassen sich nur Vermutungen anstellen. Einmal hielt er es wohl für unangebracht, sich über persönliche Nöte und Wünsche in wissenschaftlichen Texten zu äußern, die völlige Klarheit, Gewißheit und Allgemeingültigkeit anstrebten. Dann war er gar nicht sicher, ob er dieses Ziel überhaupt erreichen, ob er über die »am Boden haftende Arbeit« (B I, 20) wirklich hinauskommen würde. »Wie gerne möchte auch ich in den Höhen wohnen. Dahin geht ja alles Sinnen. Aber werde ich mich je emporarbeiten, nur ein wenig, daß ich nur ein Stück freien Fernblickes gewönne?« (B I, 20) Das war keineswegs sicher. So entschloß er sich, erst einmal »allen großen Zielen zu entsagen und glücklich zu sein« (B IV, 22), wenn er sich »nur da und dort einen kleinsten festen Grund« (B IV, 22) erarbeitet hätte. Damit war das große Ziel seiner Anstrengungen zwar zurückgestellt, es blieb aber die eigentliche Antriebskraft im unermüdlichen Kampf gegen Relativismus und Naturalismus.

Ganz allmählich wurde er dabei ein ausgesprochen antinaturalistischer Denker, nachdem er in seinen frühen Auseinandersetzungen mit dem sogenannten Psychologismus zunächst nur den sich darin äußernden Relativismus abgelehnt hatte. Nach psychologistischer Auffassung ist der Mensch das Maß aller logischen Gesetze, deren Geltung von seinem in der natürlichen Evolution entstandenen Verstand abhängig ist.

Allgemein nennt man Psychologismus ein Denken, das in der empirischen Psychologie die Grundlagendisziplin auch für alle philosophische Erkenntnis, Logik und Wissenschaft erblickt. Verblüffenderweise stand der ganz frühe Husserl einer solchen Position selbst nahe. In seiner ersten Veröffentlichung *Philosophie als Arithmetik. Psychologische und logische Untersuchungen* (1891), die seine Habilitationsschrift *Über den Begriff der Zahl. Psychologische Analysen* (1887) enthält, vertrat er, der Überzeugung seines Mathematiklehrers Weierstraß folgend, die Auffassung, daß Mathematik und Logik psychologisch begründbar seien.

Gottlob Frege besprach dieses Buch Husserls noch 1894 kritisch, nicht ahnend, daß Husserl zu jener Zeit längst begonnen hatte, sich von seinem psychologistischen Denken zu lösen. Er befand sich inzwischen mitten in jenem »Jahrzehnt mühsamer, einsamer Arbeit« (Hua XVIII, XXIII), aus dem die *Logischen Untersuchungen* (1900/01), seine zweite Buchveröffentlichung, hervorgingen. In diesem mehr als tausend Seiten umfassenden frühen Hauptwerk rechnet Husserl im ersten Teil, »Prolegomena zur reinen Logik«, selbst mit dem sogenannten Psychologismus ab.

Wie Meinong, auch Schüler Brentanos, lehnte er den Gedanken ab, daß empirische Psychologie jemals das Fundament einer wissenschaftlichen philosophischen Erkenntnislehre werden könne, daß logische Grundsätze sich auf psychologische Tatsachen zurückführen lassen. Er führte im Gegenteil die Psychologie selbst auf eine Logik zurück, die einerseits mehr als formale Logik, andererseits mehr als nur Anleitung zum wissenschaftlichen Denken sein sollte. Husserl, wie auch viele andere vor ihm, verstand unter Logik eine Wissenschaftslehre, welche die Bedingungen der Möglichkeit von Wissenschaft überhaupt und damit auch die der empirischen Psychologie ermitteln sollte. Im Gegensatz dazu suchten die Psychologisten – Mill, Wundt, Sigwart, Erdmann, Lipps – die Grundlagen aller Wissenschaften in den Erkenntnissen der empirischen Psychologie. Husserl bestritt aber, daß sie darin jemals gefunden werden könnten, denn diese hätte es grundsätzlich nur mit relativen Tatsachen zu tun, die von der zufälligen Natur der Menschen abhingen, wie sie sich unter den gegebenen Umständen der biologischen Entwicklung herausgebildet hätten. Er meinte vielmehr, daß die Grundlagen der Wissenschaft wie der Satz vom ausgeschlossenen Widerspruch absolut gültig sein müßten, wenn sie Bestand haben sollten.

Jenes Grundgesetz der formalen Logik besagt, es sei unmöglich, daß etwas zugleich ist und nicht ist, gleichzeitig und in derselben Beziehung wahr und falsch sein kann. Die Psychologisten begründeten dieses Gesetz mit der Natur des menschlichen Verstandes und dessen Unfähigkeit, Entgegengesetztes denkend miteinander zu verbinden, weshalb »die objektiv gesetzliche Unvereinbarkeit von Widersprüchlichem auf einem subjektiven Unvermögen (beruht), eine solche Vereinigung zu vollziehen.« (LU I, 90) Träfe das zu, dann wäre der Satz vom ausgeschlossenen Widerspruch nur ein Denkgesetz, dessen Wahrheit von der zufälligen Beschaffenheit des menschlichen Verstandes abhinge, wie er sich im Laufe der Naturgeschichte entwickelt hat. Jeder Anspruch auf absolute Geltung erwiese sich als unerfüllbar; der Skeptizismus sähe sich dadurch bestätigt. Nietzsche war dieser Meinung: »Das Nicht-widersprechen-können beweist ein Unvermögen, nicht eine Wahrheit.«[4] Mit dieser Antwort konnte Husserl aber nicht einverstanden sein, weil dann alles in Haltlosigkeit und Beliebigkeit stürzen würde, für ihn die schrecklichste aller möglichen Vorstellungen. Deshalb bemühte er sich, logischen Gebilden wie dem Gesetz vom ausgeschlossenen Widerspruch höchste Geltung zu verleihen, indem er sie gerade nicht auf die zufällige Natur des Menschen zurückführte. Damit knüpfte er an eine alte Tradition der abendländischen Philosophie an.

Bereits Aristoteles hatte im 4. Buch der *Metaphysik* den Satz vom ausgeschlossenen Widerspruch als das »unerschütterlichste Prinzip«[5] und die »unerschütterlichste Überzeugung«[6] bezeichnet. Gleichfalls galt in den mittelalterlich-scholastischen und neuzeitlich-rationalistischen Metaphysiken jener Grundsatz als ein Gesetz, das keineswegs nur von unserem Denken abhängt, sondern eine Wahrheit an sich darstellt, welche die äußerste Grenze zwischen Möglichem und Unmöglichem bildet. In dieser Tradition bewegte Husserl sich noch im ersten Band seiner *Logischen Untersuchungen,* indem er das Widerspruchsprinzip als einen an sich wahren Grundsatz darstellt.

Alle Gesetze der reinen Logik, die Grundbegriffe der Wirklichkeit wie auch alle Erkenntnisse derselben spiegeln seiner Ansicht nach Wahrheiten an sich wider, eine Formulierung des in der ersten Hälfte des 19. Jahrhunderts in Prag lehrenden Philosophen und Mathematikers Bernard Bolzano. Dieser war überzeugt davon, »daß es Wahrheiten an sich gibt und daß auch wir Menschen das Vermögen haben, wenigstens einige derselben zu erkennen.«[7] Näher verstand er darunter Wahrheiten, die unabhängig davon bestehen, »ob sie von Jemandem erkannt oder nicht erkannt werden.«[8] Selbst wenn es keine Welterkenntnis gäbe, so wäre ewig wahr, daß es eine Welt gibt, und falls diese irgendwann einmal untergehen sollte, so bliebe eine ewige Wahrheit, daß es sie einst gab. Ähnlich ist »z.B. die Menge der Blüthen, die ein gewisser, an einem bestimmten Orte stehender Baum im verflossenen Frühlinge getragen, eine angebbare Zahl, auch wenn sie Niemand weiß.«[9] Diese Zahl ist und bleibt eine Wahrheit an sich. Bolzano bestätigend, betont Husserl: »Was wahr ist, ist absolut, ist an sich wahr; die Wahrheit ist identisch Eine, ob sie Menschen oder Unmenschen, Engel oder Götter urteilend erfassen« (LU I, 117), denn daß etwas ist, »oder so oder so bestimmt ist, dies ist eben die Wahrheit an sich«. (LU I, 228)

Im einzelnen unterscheidet Husserl zwischen Wahrheit an sich und realem sowie idealem Ansichsein. Das reale Sein setzt sich aus räumlich-zeitlichen Dingen, Ereignissen, Zuständen zusammen; das ideale Sein ist durch Raum- und Zeitlosigkeit gekennzeichnet, wie der Satz vom ausgeschlossenen Widerspruch. Reales und ideales Sein an sich gibt es unabhängig vom menschlichen Denken, wobei von diesen beiden Seinsarten wiederum die Wahrheiten an sich unterschieden werden müssen, die »notwendige(s) Korrelat des Seins an sich« (LU I, 228) sind. Wahrheit und reales oder ideales Sein sind »apriori miteinander gegeben und voneinander unablösbar.« (LU I, 228) Es mag zwar zwischen räumlich-zeitlichen Ereignissen und der Wahrheit darüber unterschieden werden können, daß sich ein bestimmtes Ereignis wirklich zugetragen hat oder nicht, ist aber eine Wahrheit über dieses Ereignis, die sich davon gar nicht abtrennen läßt, selbst wenn sie für immer unerkannt bleiben sollte. Irgendwann wird es uns alle nicht mehr geben, unser Planet wieder wüst und leer sein, dennoch wird es ewig wahr bleiben, daß es uns und alles Leben auf der Erde einmal gegeben hat, sollte auch nichts und niemand mehr existieren, der sich noch daran erinnern könnte.

Außer Bolzano und Husserl verteidigte auch Frege zu Beginn des 20. Jahrhunderts die Idee der Wahrheiten an sich. Er unterschied drei Reiche: das der außenweltlichen Dinge, das unserer Vorstellungen und das der Gedanken, die weder »meiner Innenwelt noch auch der Außenwelt, der Welt der sinnlich wahrnehmbaren Dinge«[10], angehören. Dabei betrachtete Frege »Gedanken« wie den pythagoreischen Lehrsatz, aber auch Tatsachenerkenntnisse, als »zeitlos wahr, unabhängig davon wahr, ob irgend jemand (sie) für wahr hält.«[11]

Husserls Philosophie des Ansichseins, die später vor allem Nicolai Hartmann verteidigte[12], sei hier deshalb erwähnt, weil er selbst sie in den folgenden Jahren als erkenntnistheoretisch naiv verworfen hat. Auffälligerweise ist im ein Jahr später erschienenen zweiten Teil der *Logischen Untersuchungen* nur noch selten die Rede von »Ansichsein«, obwohl dieser Ansatz doch ursprünglich zur Abwehr des psychologistischen Relativismus entwickelt wurde, einem Ziel, an dem er bis zuletzt festhielt. Mit dem Relativismus sah er von Anbeginn die Gefahr von Halt- und Orientierungslosigkeit heraufziehen und damit alles in den Abgrund der Beliebigkeit stürzen. Deshalb bemühte er sich stets darum, festen Grund unter die Füße zu bekommen, den er zunächst in einer Philosophie des Ansichseins zu finden glaubte, die ihn aber bald vor unüberwindliche Schwierigkeiten stellte. Schon jetzt drängte sich die Frage auf, was uns garantieren kann, daß es Wahrheiten an sich wirklich gibt. Die knappe Antwort lautete: »Evidenz«. (LU I, 190) Husserl verstand darunter ein »Sehen, Einsehen, Erfassen des selbst gegebenen (»wahren«) Sachverhalts.« (Ebd.) »Evidenz ist... Erlebnis der Wahrheit.« (Ebd.) Nicht Tradition, Deduktion oder Spekulation, sondern Intuition, ein bloßes Hin- und Einsehen also, soll die Richtigkeit einer Erkenntnis nachweisen können. Aber schon brach die nächste Frage auf. Wer verfügt über solche Evidenzen, welche die objektiv gültige Wahrheit aller Erkenntnisse garantieren könnten? Sind es bloß wir Menschen als endliche, bedingte Lebewesen, so unterliegt das Erlebnis der Wahrheit menschlicher Bedingtheit, und wir geraten damit wieder in den Bann des überwunden geglaubten Psychologismus.

1.2 Kleingeld ohne Währung

1901 erschien der zweite Teil der *Logischen Untersuchungen*, mit sechs Abhandlungen sehr viel umfangreicher als der

1900 publizierte erste Teil. Zu einer überarbeiteten Neuauflage des frühen Hauptwerkes kam es erst 1913. In der Zwischenzeit hatte sich Husserls philosophischer Ansatz wieder grundlegend gewandelt. Am liebsten hätte er deshalb alle *Logischen Untersuchungen* neu geschrieben, das war aber nicht möglich. So mußte es bei Kompromissen bleiben, zu denen er sich »schweren Herzens« (Hua XIX/1, XXVIII) entschloß. Insbesondere die Umarbeitung der sechsten Abhandlung bereitete ihm große Mühe. Erst 1921 erfolgte eine Neuauflage des schließlich doch nur wenig geänderten Textes.

Das alles macht eine Antwort auf die Frage nach dem Verhältnis des ersten Teils der *Logischen Untersuchungen* zum zweiten äußerst schwierig. Von Husserl wurde deren innere Einheit betont, leider vermag man sie aber nicht sofort zu erkennen; überhaupt melden sich Zweifel daran, ob sie tatsächlich besteht. Beide Teile scheinen zunächst unverbunden nebeneinander herzugehen, allerdings läßt sich bei näherem Hinsehen durchaus ein Zusammenhang herstellen. Im ersten geht es demnach um Widerlegung des Psychologismus und, damit verbunden, um den Nachweis, daß Logik als allgemeine Wissenschaftslehre über absolut gültige Grundsätze verfügt, die als Wahrheiten an sich notwendige Voraussetzungen für die Erkenntnis der realen Welt sind.

Die sechs Abhandlungen des zweiten Teils behandeln dagegen die Frage, wie jene Grundsätze, die Wahrheiten an sich sowie das ideale und reale Ansichsein Erkenntnisbesitz werden können. Dreierlei stiftet jedoch Verwirrung: Zur Überraschung des Lesers verliert Husserl in seinen Ausführungen nach und nach den Begriff des Ansichseins aus dem Auge, von dem in der ersten Abhandlung des zweiten Teils noch öfter die Rede ist, in den letzten aber nicht mehr. Hinzu kommt als zweites die Frage nach dem Träger von Anschauungen und Evidenzen. Ist der Mensch und damit ein bedingtes Lebewesen das Erkenntnissubjekt, dann führt dies erneut in den Psychologismus. Es ist mindestens auffällig, daß Husserl diesem Problem aus dem Wege ging, indem er schlicht darüber schwieg. Ähnlich verhält es sich drittens auch mit den Darlegungen der *Logischen Untersuchungen* selbst, die für sich beanspruchen, evidente Wesensbeschreibungen zu enthalten, in denen aber die Frage nach dem Subjekt der Wesenserkenntnis gleichfalls unbeantwortet bleibt. Erst Jahre später hat Husserl die Lösung für alle diese Probleme gefunden, Anzeichen dafür, daß sie vorher offenbar nicht übersehen wurden, sondern ihm nur noch nicht lösbar erschienen.

Dem zweiten Teil der *Logischen Untersuchungen* gab er schließlich die Überschrift »Reine Phänomenologie der Denk- und Erlebniserlebnisse«. (LU II/1, 2) Diese Disziplin führte er als deskriptive Psychologie durch, anknüpfend an die Ausführungen Brentanos, der wie Wilhelm Dilthey Schüler Friedrich Adolf Trendelenburgs war. Brentano unterschied zwei Arten der Psychologie, eine genetische, welche die physiologischen Bedingungen psychischer Funktionen erforsche, und eine deskriptive, welche es ausschließlich mit »Phänomenen der inneren Wahrnehmung«[13] zu tun habe. Diese seien so zu beschreiben, wie sie sich von sich her zeigten, und »Evidenz«[14] bürge für die Richtigkeit dieser Deskriptionen. Ähnliches kann man bei Husserl lesen, der erst 1903 die Bezeichnung deskriptive Psychologie aufgab, sich nach und nach von seinem Lehrer lösend. »Ich begann als Jünger Ihrer Philosophie ... und konnte ... bei ihr nicht stehen bleiben ... Zwiespältig wie meine Artung leider ist, lebt in mir auch ein unbändiger kritischer Sinn, der unbekümmert um die Neigungen meines Gemüts ... das ihm als unhaltbar Erscheinende rücksichtslos verwirft. Im Gemüte gebunden, im Intellekte frei, so gehe ich, wenig beglückt, meine Bahn.« (B I, 20) In der 1913 überarbeiteten Neufassung der *Logischen Untersuchungen* betonte er, daß »Phänomenologie eben nicht deskriptive Psychologie« (LU II/1, 18), keine »Erfahrungswissenschaft von psychischen Eigenschaften und Zuständen animalischer Realitäten« (LU II/1, 7) sei, wie Brentano annehme. Sie sei deskriptive Wesenswissenschaft, welche die allgemeinen Wesensformen eben jener Erkenntnisse erforsche, in denen das ideale und reale Ansichsein erfahren werde. Dabei verfahre sie apriorisch und unternehme selbst »keinerlei Erfahrungssetzung und Urteilung, die sich auf bwußtseinstranszendente Gegenstände beziehen.« (LU II/2, 236) Im Gegenteil lenke sie den Blick weg von den Einzeldingen der realen Welt und hin zu den sie erfassenden Wesensstrukturen der Erkenntnis im allgemeinen, die in einer nach Analogie des Sehens vorzustellenden Wesensschau, auch Ideation genannt, zugänglich würden. Wahrheitskriterium dieser nach absoluter Gewißheit strebenden Wesensschau sei Evidenz. In diesen Untersuchungen ist genaugenommen weder von realer Welt, objektiver Natur, noch von psychologischen Fakten, inneren Zuständen, die Rede, sondern nur von Denk- und Erkenntniserlebnissen als solchen.

Die sehr ins einzelne gehenden Ausführungen, die doch »zu viel des Vagen, Klärungsbedürftigen« (B V, 73) enthalten, wurden einem »Jahrzehnt leidenschaftlicher und oft verzweifelnder Arbeit« (B IX, 412) abgerungen. Jedoch dürften es vor allem Husserls »phrasenlose Nüchternheit und radikale Sachlichkeit« (B IV, 408) sein, welche die Lektüre schwierig gestalten und ihn als einen in erkenntnistheoretische Einzelprobleme verlorenen Erneuerer erweisen, der nicht eher zufrieden war, als bis er »die großen Noten und Wechsel ... in bare Münze, in Kleingeld umgesetzt« (B V, 56) hatte. Allerdings hätte man gerne Näheres über die Währung dieser Münzen gewußt. Er stieß nur ein Tor weit auf, ohne mitzuteilen, was sich dahinter verbirgt, kein Wort über die religiösen Wurzeln seiner Philosophie!

Die erste der *Logischen Untersuchungen* des zweiten Teils, »Ausdruck und Bedeutung«, ist sprachphilosophischer Art. Darin kann man wieder lesen, alles, »was ist, ist an sich erkennbar, und sein Sein ist inhaltlich bestimmtes Sein, das sich dokumentiert in den und den Wahrheiten an sich.« (LU II/1, 90) Diese sollen sich aus »Bedeutungen an sich«

zusammensetzen, denen es äußerlich sei, ob sie durch sprachliche Zeichen ausgedrückt würden oder nicht. Bedeutungen an sich sind ursprünglich vorsprachlich; sie stehen ein für allemal fest und können deshalb immer wieder aufs neue von jedermann aufgerufen werden; sie sind wiederholbar, iterabel, wie Husserl sagt. Durch Versprachlichung werden sie eher vage und undeutlich. Allgemein gilt, »daß der Ausdruck das Zufällige ist, die ideal-identische Bedeutung das Wesentliche.« (LU II/1, 94) Wir Menschen können aber auf Sprache nicht verzichten, denn sie ist unser wichtigstes Mittel der Verständigung, zu deren Zweck einst Laute mit Bedeutung belegt wurden. Ein solches Sprachverständnis, nach dem sich die Wörter von ihren Bedeutungen wie bloße Schalen abstreifen, grundsätzlich absondern lassen, kann man bis zu Aristoteles zurückverfolgen. Er schrieb: »Es sind also die Laute, zu denen die Stimme gebildet wird, Zeichen der in der Seele hervorgerufenen Vorstellungen, und die Schrift ist wieder ein Zeichen der Laute.«[15] Im Unterschied zu Aristoteles ist aber für Husserl die Sprache auch Mitteilungsform der von ihren Bezeichnungen grundsätzlich ablösbaren Bedeutungen an sich, also nicht nur lautliche Äußerung von Gemütsbewegungen.

Jedoch ist mittlerweile die Zeit auch über Husserls Sprachauffassung hinweggeschritten. Moderne Hermeneutiker wie Hans-Georg Gadamer[16], Sprachanalytiker wie Ernst Tugendhat[17] und Poststrukturalisten wie Jacques Derrida[18] betonen heute nicht nur die unauflösliche Verflechtung von Bedeutung und Sprache, sondern bestreiten zumeist auch das Bestehen von Bedeutungen und Wahrheiten an sich. Oftmals erwecken sie den Anschein, als gebe es weiter nichts als ein sich geschichtlich wandelndes Sprachgeschehen, aus dem zuerst Bedeutungen entspringen, die nie ganz feststehen, sondern sich stets verschieben. Husserls Standpunkt bildet den völligen Gegensatz dazu.

In der zweiten Untersuchung, »Die ideale Einheit der Spezies«, bespricht er solche reinen Bedeutungen. Er lenkt seine Aufmerksamkeit auf Wesenheiten und Wesenszusammenhänge der sichtbaren Welt. Gegeben seien beispielsweise rote Kugeln, aus denen die Idee der Röte durch Wesensschau, von ihm auch »ideierende Abstraktion« (LU II/1, 223) genannt, erkannt werden kann. Jedoch beziehen sich nicht alle Wesenheiten auf Sinnliches wie Farben, es gibt auch kategoriale Begriffe wie Gleichheit oder Ähnlichkeit, die an gleichen oder ähnlichen Gestalten aufscheinen. Die bange Frage, ob es überhaupt derartige allgemeine Wesenheiten gebe, begründete im Mittelalter den sogenannten Universalienstreit, der in abgeschwächter Form auch heute noch herrscht, nur spricht man jetzt nicht mehr von Wesenheiten oder Allgemeinbegriffen, sondern statt dessen von abstrakten Gegenständen.[19] Ohne diese Diskussion im einzelnen nachzuzeichnen, sei hier nur hervorgehoben, daß in Husserls zweiter Untersuchung kaum noch die Rede von Ansichsein ist und daß die dort geschauten Wesenheiten sich ausschließlich auf die Welt des Augenscheins beziehen. Sein Interesse galt in erster Linie den Wesensverhältnissen der nächstgegebenen Phänomene, die zusammen eine sichtbare, übersichtliche Ordnung bilden. Dabei setzte er schon voraus, daß die Wirklichkeit im Grunde anschaulich gegeben ist und alle Vorgänge darin geordnet vor sich gehen. Mit dem in der Moderne so häufig beklagten Geltungsverlust und Zerfall umgreifender Ordnungsmuster setzte er sich hier noch nicht auseinander. So sehr er sich auch gegen theoretische Konstruktionen und Spekulationen wandte, grundsätzlich vertraute er noch auf eine Ordnung der Dinge, wie sie die alte, theistische Metaphysik lehrte. Auf der Grundlage der *Logischen Untersuchungen* läßt sich zwar noch nicht eindeutig belegen, aber auch kaum bestreiten, daß Husserl eine Sicht der Wirklichkeit in Sicherheit bringen wollte, die mit einem Gott und einem umfassenden Sinn der Welt, worin auch immer dieser bestehen mag, in jedem Falle vereinbar wäre.

Insbesondere in der dritten und vierten Untersuchung kann man vorzüglich Husserls Hang zum Grundsätzlichen studieren. Weitgehend losgelöst von allem Konkreten, stellt er hier äußerst prägnant die Verhältnisse zwischen dem Begriff des Ganzen und der Vorstellung seiner Teile in der Vielfalt ihrer Möglichkeiten dar. Auffällig ist dabei wiederum das fast völlige Zurücktreten des Ausdrucks »Ansich« und die einseitige Bevorzugung der Wahrnehmungswelt vor der Theorienwelt der Naturwissenschaften, ohne daß dieses ausdrücklich angesprochen wird. Es finden sich allenfalls Andeutungen darauf, die aber viele Fragen unbeantwortet lassen.

Eindeutiger sind hingegen die fünfte und sechste Untersuchung, in deren Mittelpunkt das Phänomen der Intentionalität, das Sichrichten innerlich erlebter Zustände auf bestimmte Dinge, Ereignisse, Sachverhalte steht. Bewußtsein ist hiernach immer Bewußtsein von etwas. Darauf hatte bereits Brentano hingewiesen, der drei Grundklassen von Bewußtseinsfunktionen unterschied, Vorstellungen, Urteile und Gemütstätigkeiten: »Jedes enthält etwas als Objekt in sich, obwohl nicht jedes in gleicher Weise. In der Vorstellung ist etwas vorgestellt, in dem Urteile ist etwas anerkannt oder verworfen, in der Liebe geliebt, in dem Hasse gehaßt, in dem Begehren begehrt.«[20] Husserl, der schon 1894 eine größere Abhandlung über »Intentionale Gegenstände« (vgl. Hua VIII) verfaßte, nahm hierauf in der fünften und sechsten Untersuchung ausdrücklich Bezug, betonend, daß Denk- und Erkenntniserlebnisse immer auf etwas gerichtet sind. Im einzelnen behandelte er vier Aspekte der Intentionalität.

Erstens unterschied er zwischen leerer oder signitiver Bedeutungsintention und anschaulicher oder intuitiver Bedeutungserfüllung. »Die signitive Intention weist bloß auf den Gegenstand hin, die intuitive macht ihn im prägnanten Sinne vorstellig, bringt etwas von der Fülle des Gegenstandes selbst.« (LU II/2, 76) Im signitiven Leermeinen denkt man ihm zufolge bloß z.B. an den roten Kugelschreiber und den Geliebten zu Hause, in der intuitiven Bedeutungserfüllung stellt man sich beide im Geiste anschaulich vor. Auffällig ist in diesem Zusammenhang wieder Husserls Bevorzugung der Wahrnehmungswelt.

Allerdings setzte er zweitens Wahrnehmung und Anschauung keineswegs gleich, auch wenn er jene als herausragende Form der Anschauung besonders hervorhob, andere Arten seien Phantasie und Erinnerung. Während der rote Kugelschreiber und der Geliebte in der Wahrnehmung aber »leibhaft« (LU II/2, 445) da seien, schwebten sie in der Anschauung von Phantasie und Erinnerung nur vor.

Drittens sind nach Husserl aber nicht nur sinnliche Dinge, sondern sogar kategoriale Bestimmungen wie »oder«, »und«, »ein« oder allgemeine Wesenheiten wie »Röte«, »Gleichheit«, »Vielheit« anschaulich gegeben. Husserl sprach mit Bezug hierauf stets von kategorialer Anschauung und unterschied dabei gleichfalls zwischen signitivem Leermeinen und intuitiver Anschauungserfüllung. Allerdings ist die Lehre von der kategorialen Anschauung höchst umstritten.

Viertens übernahm er von Brentano die Entdeckung[21], daß sich auf die gleiche Vorstellung so unterschiedliche Akte wie Behauptung, Frage, Zweifel, Wunsch beziehen lassen. Dem entsprechend kann der rote Kugelschreiber Gegenstand eines Urteils, einer Frage, sogar Inhalt von Freude und Trauer sein. In der heutigen Sprachphilosophie, die, über Husserl hinausgehend, an die Stelle gegenstandsbezogener Vorstellungen die Konzeption sachverhaltsbezogener Sätze[22] rückte, unterscheidet man zwischen propositionalen Gehalten und Sprechakten, wobei erstere Husserls Vorstellungen entsprechen, letztere die verschiedenen Formen bezeichnen, in denen diese zur Sprache kommen können.

Auffälligerweise beziehen sich alle Wesensbeschreibungen der fünften und sechsten Untersuchung nur noch auf die Erkenntniserlebnisse selbst, aber nicht mehr auf die darin erfahrbaren Gegenstände. In der fünften Untersuchung ging Husserl sogar auf das Subjekt der Erlebnisse ein, das er bemerkenswerterweise mit diesen gleichsetzte. Üblicherweise unterscheidet man zwischen Erlebnissen und einem darüber schwebenden Ich, welches diese hat. Husserl betonte dagegen: »Es bedarf keines eigenen, alle Inhalte tragenden, sie alle noch einmal einigenden Ichprinzips.« (LU II/1, 354) In dieser Frage schloß er sich David Hume an, nach dem »die Sache nichts (ist) als ein System oder andauernder Strom von Perzeptionen: Wärme und Kälte, Liebe und Zorn, Gedanken und Empfindungen ..., die zusammen den Geist bilden. Ich sage: den Geist bilden, nicht zum Geist gehören.«[23] So war auch für den frühen Husserl, der über die Vorstellung eines sich von den Erlebnissen unterscheidenden Ich bemerkte, daß er es »schlechterdings nicht zu finden vermag« (LU II/1, 361), dieses »nichts weiter (sei) ... als das jeweilige Bündel der Erlebnisse.« (LU II/1, 376) Wenige Jahre später änderte er seinen Standpunkt: »Inzwischen habe ich es zu finden gelernt« (LU II/1, 361); und zu ergänzen wäre, nicht nur das allen Erlebnissen zugrundeliegende Ich, sondern darüber hinaus noch ein ganz anderes, nämlich das transzendentale Subjekt.

Allgemein ist festzuhalten, daß Husserl in der fünften Untersuchung zwar das Ich als Einheit aller Erlebnisse darstellte (vgl. LU II/1, 347 f.), aber wohl des drohenden Psychologismus wegen die Frage nach dem Subjekt der in den *Logischen Untersuchungen* ausgeführten Wesensbeschreibungen umging. Losgelöst von jedem Erkenntnisträger wirken Wesensbetrachtungen ohne Subjekt künstlich und unglaubwürdig, da wir Menschen uns nicht ohne weiteres aus unseren Wesenserkenntnissen wegdenken lassen. Diese auf uns zurückführen hieße andererseits aber, sich wieder in den Problemen des Psychologismus zu verstricken. Da bietet auch Evidenz, das lichtvolle Erlebnis der Wahrheit, keinen wirklichen Ausweg, wenn es nur die Evidenz der im Verlauf der Naturentwicklung entstandenen Menschen ist. Genaugenommen enthalten die *Logischen Untersuchungen* keine allseitig befriedigende Antwort auf die Herausforderung des Psychologismus.

Auch das Problem der Erkennbarkeit des Ansichseins blieb ungelöst. Abgesehen davon, daß Husserl dieses zunehmend aus dem Auge verlor, gab es Wirklichkeit für ihn in der fünften und sechsten Untersuchung nur noch als ein von intentionalen Erlebnissen abhängiges Sinngebilde, das er außerdem mit der Welt des Augenscheins gleichsetzte. Da es Aussehen aber nur für sehende Augen gibt, kann noch nicht einmal sinnvoll gesagt werden, daß die Welt an sich so ist, wie sie sich in der Wahrnehmung zeigt.

Husserl vermerkte später alle diese Mängel sehr genau: »Als ich die ›Logischen Untersuchungen‹ veröffentlichte, hatte ich nur ein peinvoll geteiltes logisches Gewissen (daher sie mir von nahestehenden Menschen förmlich entrissen werden mußten), ich fühlte, obschon ich nicht wußte warum, daß ich noch nicht die reine Methode, die allseitig klaren Arbeitshorizonte hatte.« (B IV, 412 f.) So »quälte mich der Gedanke, daß ich mein Werk nicht hatte so ausreifen lassen können, wie es die Größe und Schwierigkeit der Gegenstände erfordert hätte.« (B IX, 21) Er beklagte die »unvollkommene Gestalt« (B V, 77), entschuldigte sie aber damit, »daß die Untersuchungen gar nicht dazu bestimmt waren, in dieser Form publiziert zu werden, sondern als Grundlagen für eine kürzere, mehr systematische Behandlung einer zusammenhängenden Reihe erkenntnistheoretischer Hauptprobleme dienen sollten.« (Ebd.) Andererseits empfand er die *Logischen Untersuchungen* durchaus als »Anfänge, die ein gesundes Wachstum zulassen« (ebd.); Tausende von Seiten füllten sich so bis an sein Lebensende.

Angesichts dieser Frucht ruhelosen, unablässigen Schaffens drängt sich dem Leser immer wieder die Frage nach den eigentlichen Beweggründen dafür auf. Wo hat der Antrieb für dieses ständig schwieriger werdende Arbeiten seinen »Sitz im Leben«? Pointiert gefragt: Warum denkt man sich überhaupt eine Wesensphänomenologie aus, anstatt im Wald spazieren zu gehen? Die Antwort darauf sucht man in den *Logischen Untersuchungen* vergebens, und alles, »was darüber hinausgeht, verschweige ich principiell, mag es mich noch so sehr innerlich beschäftigt haben.« (B III, 422) Heute ahnen wir: Die tieferen Motive waren die Fragen nach Gott und dem Sinn der Welt, Fragen, auf die näher einzugehen Husserl sich aber scheute. Er wollte den alten Schulsystemen nicht einfach ein neues hinzufügen, sondern möglichst wissenschaftlich philosophieren. Weitläufige Einzeluntersuchungen und die Entdeckung schlichter Wahrheiten schienen dem Denker, der von der Mathematik herkam und nicht wie die Schöpfer der klassischen Philosophie auf ein geschlossenes System der Metaphysik abzielte, wichtiger zu sein als die Diskussion über die höchsten und letzten Dinge. Nun darf aber diese Feststellung nicht so verstanden werden, als ob derartige Fragen in seinem Denken überhaupt keine Rolle gespielt hätten. Sie waren nur zeitweilig aus dem Bereich seines akuten philosophischen Interesses verbannt und stellten zu der Zeit lediglich den Hintergrund seiner Forschung dar. Immerhin sollten die *Logischen Untersuchungen* das Fundament einer Philosophie bilden, die auch vor den höchsten und letzten Fragen nicht würde kapitulieren müssen. Zwar war noch nicht zu sehen, wie man von hier nach dort gelangen könnte, völlig versperrt schien der Weg aber nicht zu sein. Wie hätte Husserl, der nichts mehr als das bodenlose Nichts der Sinnlosigkeit und Ungewißheit fürchtete, sonst in erkenntnistheoretischen Betrachtungen »Halt und Hoffnung« (B IV, 22) finden können?

1.3 Qualen der Unklarheit

Im Jahr der *Logischen Untersuchungen,* 1901, prophezeite Husserl: »Also in 10 Jahren ein neuer Band!« (B V, 77) Mit dieser Prognose behielt er recht, denn erst zehn Jahre später erschien sein nächstes Werk *Philosophie als strenge Wissenschaft.* Dazwischen liegen Jahre zäher, einsamer Arbeit, in der er den sich immer weiter verzweigenden Problemen einer phänomenologischen Erkenntnistheorie und Vernunftkritik nachging: »Ich mühe mich, über das Ideengebiet der Logischen Untersuchungen hinauszukommen« (B V, 41), schrieb der oft niedergedrückte Philosoph 1904, vergeblich hoffend, seine Aufzeichnungen in druckreife Form bringen zu können: »all mein Denken gehört meinen Vorlesungen und Entwürfen zu neuen Schriften« (B IX, 276), auf die man aber lange warten mußte. Überhaupt klagte er oft, daß ihm »alle Arbeit schwer von der Hand« (B III, 531) gehe und er sich »peinlich abmühen« (B III, 531) müsse, um Klarheit zu gewinnen. Auf Phasen der Ermüdung und Erschöpfung folgten jedoch regelmäßig wieder solche fruchtbarer Arbeit: »Endlich bin ich die peinliche Schwäche u. Depression los u. habe Wind in den Segeln. Ich lebe absolut einsam, bis tief in die Nacht in meinen Scripturen.« (B IX, 276) Zu den inneren Nöten kamen äußere Sorgen hinzu: vierzehn Jahre Privatdozentur in Halle, woran Husserl später immer »mit Grauen« (B IX, 152) zurückdachte, dann erst nur Extraordinariat in Göttingen und schließlich Ernennung zum Ordinarius durch das Preußische Unterrichtsministerium gegen den Widerstand der Göttinger Philosophischen Fakultät. Da konnte die Erkenntnis nicht ausbleiben: »Das Leben ist eine harte Schule. Wohl dem, der sich in ihr bewährt.« (B III, 393)

Besonders erwähnenswert sind aus dieser Übergangszeit die Vorlesungen über Ding und Raum von 1907, insbesondere die ersten fünf Abschnitte, die 1950 unter dem Titel *Die Idee der Phänomenologie* gesondert herausgegeben wurden. Hier wird zum ersten Mal das Grundprinzip von Husserls zukünftigem Ansatz, die sogenannte phänomenologische Reduktion, dargestellt, deren Entdeckung allerdings bereits 1905 im Tiroler Urlaubsort Seefeld erfolgte. Genaugenommen ist der Ausdruck phänomenologische Reduktion sogar noch älter; Husserl gebrauchte ihn schon in einer Vorlesung im Wintersemester 1902/03, dort aber eher beiläufig und auch nur dieses eine Mal. (Vgl. Hua XXIV, XXXVII)

Im Mittelpunkt der 1907 gehaltenen fünf Vorlesungen stand wieder die in den *Logischen Untersuchungen* immer weiter zurückgedrängte Frage nach der Erkennbarkeit des Ansichseins. In diesem Zusammenhang führte Husserl die Unterscheidung »natürliche Geisteshaltung« (IP 17) und »philosophische Geisteshaltung« (IP 19) ein; erstere beherrsche sowohl unseren vorwissenschaftlichen Alltag als auch die außeralltäglichen Erfahrungswissenschaften. Hier wie dort gehe man davon aus, daß die Welt an sich bestehe und nicht nur existiere, wenn sie wahrgenommen werde. So seien wir in Alltag und Forschung »anschauend und denkend den Sachen zugewandt, die uns jeweils und selbstverständlich gegeben sind.« (IP 17)

Dagegen würden nun in der philosophischen Geisteshaltung diese Selbstverständlichkeiten hinterfragt; alles bis dahin Zweifellose werde »mit dem Index der Fraglichkeit versehen« (IP 29) und dadurch in ein »Rätsel« (IP 37) verwandelt. Es dränge sich die beunruhigende Frage auf, wie überhaupt Erkenntnis von Ansichseiendem, Bewußtseinstranszendentem möglich sei. Wie kann man zuverlässig wissen, daß die Welt wirklich existiert und so beschaffen ist, wie wir sie erkennen? »Leben wir uns in die natürlichen Wissenschaften ein, so finden wir, soweit sie exakt entwickelt sind, alles klar und verständlich ... Sowie wir aber reflektieren, geraten wir in Irrungen und Wirrungen ... Die Möglichkeit der Erkenntnis wird überall zum Rätsel.« (IP 21)

Solle es zu einer Lösung dieses Rätsels kommen, so dürfe nichts mehr als selbstverständlich hingenommen, sondern müsse über die Bedingungen der Möglichkeit wahrer Erkenntnis nachgedacht werden. Dazu wäre es aber erst einmal nötig, von allem im voraus Feststehenden und Gegebenen abzusehen, dieses einzuklammern, es auf sich beruhen zu lassen. Husserl nannte diese Einklammerung »phänomenologische Reduktion«, gelegentlich auch »erkenntnistheoretische Reduktion«. (IP 44) Sie bezieht sich auf alle Existenzannahmen, die reale Welt ebenso wie die Menschheit darin, aber auch auf die Naturwissenschaften und alle vorwissenschaftlichen Erfahrungen des Alltags. Einen Begriff der antiken Skepsis aufgreifend, nannte Husserl diese Einklammerung auch »epoché«.

Zurück bleibt dann eine eigenartige Sphäre von »Erkenntnis überhaupt« (IP 75), in der es keine Dinge an sich mehr gibt, sondern nur noch die der apriorischen Wesensforschung zugänglichen Bewußtseinsinhalte. Dazu gehören alle Wahrnehmungen, Erlebnisse, Phantasien, die es nicht mit Ansichseiendem zu tun haben, sondern nur mit unmittelbar anschaulichen, nächstgegebenen Phänomenen, die als intentionale Objekte von »Erkenntnis überhaupt« konstituiert und umgriffen werden. Hier bahnt sich bereits Husserls künftiger transzendentaler Idealismus an, nach dem es kein Objekt ohne Subjekt, keine Welt ohne Selbst gibt. Es wird auch schon zwischen reell Immanentem und intentional Immanentem unterschieden, wobei ersteres die Strukturmomente bezeichnet, welche die intentionalen Erlebnisse selbst, das Wahrnehmen, Phantasieren, Erinnern aufbauen, während die Gegenstände dieser Erlebnisse, also das Wahrgenommene, Phantasierte, Erinnerte selbst, intentional immanent genannt wird. Wie in den *Logischen Untersuchungen* bereits gezeigt, seien diese allgemeinen Strukturen durch Wesensschau erfaßbar. Dieses Verfahren bleibt »innerhalb der strengsten phänomenologischen Reduktion ... die spezifisch philosophische Methode.« (IP 58)

Blicken wir auf das Ganze der fünf Vorlesungen, so läßt sich in deren Verlauf eine bemerkenswerte Verschiebung beobachten. Ausgangspunkt war die Frage nach den Möglichkeitsbedingungen der Erkenntnis von Ansichsein, wobei das eigentliche Problem im rätselhaften Verhältnis zwischen menschlicher Erkenntnis und der Wirklichkeit an sich gesehen wurde. Am Ende ist von beidem keine Rede mehr, sondern nur noch von »Erkenntnis überhaupt« und von in deren Binnenraum eingeschlossenen Phänomenen. Die von aller Erkenntnis unabhängige Wirklichkeit an sich ist in einem unfaßbaren Hintergrund verschwunden. Das Ausgangsproblem, wie Erkenntnis von Bewußtseinstranszendentem überhaupt möglich ist, bleibt damit aber weiterhin ungelöst; es hat sich aufgelöst. An dessen Stelle sind Wesensbeschreibungen von Bewußtseinsinhalten getreten. So ist Husserl trotz Entdeckung der phänomenologischen Reduktion noch keinen Schritt weiter als in den *Logischen Untersuchungen.* Welt gibt es wieder nur abhängig von intentionalen Erlebnissen als Wahrnehmungszusammenhang und intentionale Erlebnisse nur abhängig von subjektloser Erkenntnis überhaupt. Das ist eine wahrhaft irritierende Vorstellung, bedenkt man, daß kein Mensch völlig abgetrennt von der Erkenntnis seiner selbst überhaupt existieren kann. Andererseits hieße aber, den Menschen als Erkenntnissubjekt einzuführen, erneut ins Fahrwasser des Psychologismus zu geraten.

Husserl quälten alle diese Ungereimtheiten und Unklarheiten; oftmals sprach er von »üblichen Depressionen« (B IX, 45), die sich aus der Unzufriedenheit über sein Schaffen ergäben, das seine Kräfte »bis auf den letzten Rest« (B V, 109) aufzehre. Was es tatsächlich zu verarbeiten galt, womit er aber nie fertig wurde, war der Mangel an systematischer Ordnung, lichtvoller Klarheit und letztgültigen Begründungen in seinen Schriften, obgleich er wieder und wieder einen Anlauf nahm, diese Ziele zu erreichen. Das erklärt auch das Mißverhältnis zwischen Tausenden von Manuskriptseiten als Hinterlassenschaft und den zur Zeit seines Lebens nur wenigen veröffentlichten Büchern. Außerdem stimmt damit überein, daß er damals und später immer wieder die Veröffentlichung eines systematischen Hauptwerkes ankündigte, um kurze Zeit danach niedergedrückt festzustellen, daß er trotz intensiver Arbeit noch lange nicht so weit sei, wie er es sich wünschte. »Ist der Himmel klar ..., so sage ich mir: das Ziel ist ganz nah, bald bin ich da. Bewölkt sich der Himmel, fällt Nebel, verirre ich mich in Sümpfe, so heißt es: wie weit noch!« (B V, 111)

Viele Menschen empfinden Unklarheit, Ungereimtheit und Unordnung als Ärgernis. Wie sehr muß aber darunter leiden, wer wie Husserl in Einheit, Ordnung und Klarheit höchste Vernunftwerte sah, ohne die alles in Halt- und Sinnlosigkeit versinkt. 1906 schrieb er: »Die Qualen der Unklarheit, des hin- und herschwankenden Zweifels habe ich ausreichend genossen. Ich muß zu einer inneren Festigkeit kommen ..., ich kann ohne Klarheit eben nicht leben. Ich will und muß in hingebender Arbeit, in rein objektiver Vertiefung den hohen Zielen nahekommen. Ich kämpfe um mein Leben, und darum glaube ich in Zuversicht, weiterkommen zu können. Die härteste Lebensnot, die Notwehr gegen Gefahren des Todes gibt ungeahnte, ungemessene Kräfte. Ich strebe hier nicht nach Ehren und Ruhm ... Nur eines erfüllt mich: Ich muß Klarheit gewinnen, ich kann sonst nicht leben, ... nicht das Leben ertragen« (Hua XXIV, 445). Diese sehr persönlichen Klagen zeigen, daß es Husserl nie nur um erkenntnistheoretische Fragen ging, selbst wenn seine frühen Werke diesen Anschein erwecken sollten: »Ich war und bin in großer Lebensgefahr ... Ich aber will siegen oder sterben. Im Geiste zu sterben, im Kampf um innere Klarheit, um philosophische Einheit zu unterliegen und noch physisch zu leben, das hoffe ich, wird mir nicht beschieden und mir nicht möglich sein.« (Hua XXIV, 449) Gleichermaßen hoffnungsvoll und enttäuscht betonte er: »Nie und nimmer darf ich diese Forschungsgebiete aufgeben, diese angefangenen Bohrungen und Fundamentierungen unvollendet lassen. Das hieße mich selbst aufgeben. Das war mein Leben vieler Jahre, und mein Leben darf und soll nimmer in Bruckstücke zerfallen. Wieviel Zeit, Leben, Geistesarbeit und Geistesansätze ... habe ich vergeudet! Wieviele angefangene Bauten wieder in Ruinen verfallen lassen! Seit der Veröffentlichung der Logischen Untersuchungen hat mein Leben innere Festigkeit gewonnen. Und innere

Einheit soll und muß es von nun ab zeigen. Ein Volles und Ganzes kann meine Persönlichkeit leider nicht mehr werden. Einheit der Weltanschauung, Einheit frei gewachsener, schöner und natürlicher organischer Bildung kann sie nicht mehr gewinnen.« (Hua XXIV, 444) Schließlich: »Zum großen Teil war meine Lehrtätigkeit nach meinen Lebenszielen orientiert: wieviel Ansätze, wieviel Versuche, tiefer und weiter zu dringen und nun die immer neuen Versuche, den Sinn der Logik, der Erkenntniskritik und der Methode zur Klarheit zu bringen, und nach alldem, wie weit bin ich zurück. Das Leben verrinnt, die Jahre der Kraft rollen ab. Weh mir, wenn ich in diesen Arbeitsstudien und Arbeitsweisen steckenbleibe. Es wäre nicht viel weniger, als ein Leben leidenschaftlichen Ringens, härtester Arbeit verloren zu haben. Umsonst gelebt: nie und nimmer. Ich will und werde nicht ablassen. Nun ist mein leidenschaftliches Bestreben zunächst kein anderes, als auf eine absolut feste Bahn zu kommen.« (Hua XXIV, 448) Diese persönlichen Äußerungen zeigen aufs deutlichste, daß es Husserl stets um mehr als nur um Klärung schwieriger Sachfragen ging. Im Hintergrund seiner phänomenologischen Studien enthüllt sich dem Leser eine erschütternde Sehnsucht nach letzten Verbindlichkeiten und existentiellen Sicherheiten, die Frage nach Gott und dem Sinn der Welt, aber auch die bange Ahnung, daß es das alles vielleicht nicht gibt. Wer wie Husserl so hartnäckig und verzweifelt um Klarheit ringt, der hat in Abgründe tiefster Finsternis geblickt.

2. Vernunft in einem Zweifrontenkrieg

Nach Erscheinen der *Logischen Untersuchungen* 1900/1 erregte Husserl erst wieder 1911 größeres Aufsehen mit der im dritten Heft der neu gegründeten Zeitschrift *Logos* abgedruckten Abhandlung *Philosophie als strenge Wissenschaft.* Unverhohlen nahm er hier Stellung zum modernen Historismus und Naturalismus, die er beide völlig verwarf. Die angekündigte Philosophie als strenge Wissenschaft blieb allerdings vorerst nur Programm.

2.1 Wider den Historismus

In seiner Auseinandersetzung mit dem Historismus, auch »Historizismus« (PW 49) genannt, setzte Husserl die Kritik am Psychologismus fort. Sein Einwand dagegen war, er führe zu Relativismus und Skeptizismus, weil er die Möglichkeit von Erkenntnis ganz allgemein auf den nach den Zufälligkeiten der Evolution entwickelten menschlichen Geist gründe. Das könne jedoch absolute Gewißheit und definitive Wahrheit keinesfalls garantieren. Sein Ideal bleibe aber wissenschaftliche und allgemeingültige Philosophie, an der er gründlich und zielbewußt weiter arbeite. Mit weniger als absoluter Erkenntnisbegründung wollte er sich nicht zufrieden geben, denn alles andere bedeutete für ihn Absturz ins Haltlose und Beliebige.

Zuerst hatte Husserl diese Gefahr im Psychologismus erkannt, nun befürchtete er sie auch im sich immer weiter ausbreitenden Historismus, insbesondere in der Weltanschauungsphilosophie des ausgehenden 19. und beginnenden 20. Jahrhunderts, in der »alles ... als historisches Gebilde« (PW 13) angesehen wurde, allgemeine Maßstäbe dagegen keine Anerkennung mehr fanden. Der historistische Blick auf die Vielzahl abendländischer Ansichten, Deutungen, Auslegungen hatte die Überzeugung von der Relativität des gesamten Wissens hervorgerufen und zugleich den Glauben an die Möglichkeit einer Philosophie als strenger Wissenschaft erschüttert. Bereits Hegel hatte erkannt: »Ein Zeitalter, das eine solche Menge philosophischer Systeme als eine Vergangenheit hinter sich liegen hat, scheint zu derjenigen Indifferenz kommen zu müssen, welche das Leben erlangt, nachdem es sich in allen Formen versucht hat.«[24]

Aber schon Kant hatte Philosophie als strenge Wissenschaft begründen wollen in Auseinandersetzung mit der alten Metaphysik, der er vorwarf, Aussagen über das Ganze der Wirklichkeit, Gott, Welt und Mensch, zu machen, ohne ernsthaft zu überprüfen, ob die menschliche Vernunft dazu überhaupt in der Lage sei. Nun wollte Kant die Metaphysik auf den »sicheren Gang einer Wissenschaft«[25] bringen, die allem »grundlosen Tappen und leichtsinnigen Herumstreifen«[26] ein Ende machen würde. Fragt man sich aber: »Wie ist Metaphysik als Wissenschaft möglich?«[27], so gibt es keine klare Antwort. Kants Vorschlag hieß Vernunftwissenschaft, für welche »gesetzmäßige Feststellung der Prinzipien, deutliche Bestimmung der Begriffe, versuchte Strenge der Beweise, Verhütung kühner Sprünge in Folgerungen«[28] notwendig seien.

Hier kann nicht der Frage nachgegangen werden, wie Kant seine Ausarbeitung einer Vernunftwissenschaft durchführte; ausschlaggebend ist die Erkenntnis, daß Kant wie Husserl über alles Trennende hinweg davon überzeugt war, es müsse »möglich sein, mit (der Philosophie) es zur Gewißheit zu bringen.«[29] Beide erlaubten der Vernunft nicht, »die Fesseln der Wissenschaft abzuwerfen, Arbeit in Spiel, Gewißheit in Meinung und Philosophie in Philodoxie zu verwandeln.«[30]

Aber schon in der zweiten Hälfte des 19. Jahrhunderts stellte sich heraus, daß die Vernunft ihr Versprechen sicherer Beweise wohl doch nicht einzulösen vermochte. Wilhelm Dilthey kam daher hundert Jahre nach Kant zum Ergebnis: »Metaphysik als Wissenschaft ist unmöglich.«[31] So wahr es vielleicht ist, daß wirklich nur eine Philosophie die einzige Antwort darauf sein kann; auf die Frage, welche Philosophie das ist, gibt die Geschichte der Philosophie aber keine eindeutige Antwort. Dilthey erkannte nur eine »Anarchie in allen tieferen Überzeugungen«[32], ging aber dem daraus resultierenden Relativismus aller Lebensauffassungen und Weltanschauungen nicht aus dem Wege, sondern beschrieb ihn als unvermeidliche Folge des historischen Bewußtseins, das zwangsläufig zur »Zerstörung des Glaubens an die Allgemeingültigkeit«[33] führen müsse. Folgerichtig ersetzte er die Philosophie als strenge Vernunftwissenschaft durch eine Weltanschauungsphilosophie, die dann der Hauptadressat von Husserls Kritik am Historismus wurde.

Im sonst eher freundschaftlich geprägten Verhältnis zwischen Dilthey und Husserl entstanden dadurch leichte Spannungen, die zu beseitigen sich beide sofort bemühten. So betonte Dilthey: »wir sind wirklich nicht so weit voneinander entfernt, als Sie annehmen, wir sind in sehr umstrittenen Hauptpunkten Bundesgenossen.« (B VI, 47) Husserl erwiderte darauf: »wirklich will es mir scheinen, dass ernstliche Differenzen zwischen uns gar nicht bestehen. Ich glaube, dass ein ausführliches Gespräch zu voller Verständigung führen würde.« (B VI, 48) Dennoch lehnte Husserl die Weltanschauungsphilosophie ab.

Weltanschauungen im Sinne Diltheys sind Kulturgebilde, die »unserem Bedürfnis nach abschließender und vereinheitlichender, allbegreifender und allverstehender Erkenntnis«

(PW 56) genügen wollen. Sie bieten Lösungen für das »Welt- und Lebensrätsel« (PW 65), zugleich haben sie aber auch die Aufgabe, uns mit unserem Dasein zu versöhnen sowie über Geschichte und Welt zu beruhigen. Das macht sie mit Lehrstücken der alten Metaphysik vergleichbar. Der entscheidende Unterschied zwischen beiden besteht aber darin, daß Weltanschauungen für sich zwar auch Geltung reklamieren, aber keine Letztbegründungen anbieten. Sie übergehen die methodische Forderung zwingender Allgemeingültigkeit und strenger Beweise, ja, sie geben sogar zu, auf jede Vergewisserung durch Gründe bewußt zu verzichten. Das mußte Husserl, der stets eine letztbegründende Begriffsform suchte, aufs tiefste bestürzen und entsetzen. Jedoch darf nicht übersehen werden, daß der weltanschauliche Begründungsverzicht keineswegs gedankenloser Stümperei oder verantwortungslosem Leichtsinn entspringt, sondern als Versuch einer Antwort auf die Herausforderung der metaphysischen, vernunftwissenschaftlichen Begründungsnot gelesen werden muß.

Dennoch empfand Husserl die Weltanschauungsphilosophie als empörende Ungeheuerlichkeit, weil nur Erkenntnis aus absoluter Rechtfertigung zulässig sei. Hinzu kamen die großen Ungereimtheiten der Weltanschauungsphilosophie selbst, aus denen es höchstwahrscheinlich keine überzeugenden Auswege gibt.

Allen voran steht das von Husserl so schmerzhaft empfundene Problem des Relativismus. Wenn infolge weltanschaulicher Begründungsnot der Anspruch grundloser Geltung entsteht, dann kann keiner der einander bekämpfenden Weltanschauungen der Vorzug eingeräumt werden. Geschichtlich gesehen sind sie gleichrangige Möglichkeiten und damit gleichberechtigte Standpunkte individuellen Beliebens. Tatsächlich gilt heute als charakteristisches Merkmal einer pluralistischen und demokratischen Kultur, daß sie die Vielheit und Verschiedenheit der einander widersprechenden Weltanschauungen weitgehend akzeptiert, wohl wissend, daß sich die Menschen über Fragen des Lebens und der Welt nie ganz einigen werden. Genaugenommen können nachdenkliche Gemüter aber für keine von ihnen aus vollem Herzen Partei ergreifen, wenn sie auch alle gleichermaßen möglich sind. Das sahen auch die großen Vertreter der Weltanschauungsphilosophie und des Historismus sehr wohl, Dilthey, Droysen, Troeltsch, Weber. Sie suchten deshalb ebenfalls nach einem Ausweg – allerdings auch vergebens. Dilthey betonte, daß zwar im Laufe der Geschichte eine grenzenlose Zahl miteinander endlos streitender Weltanschauungen hervorgebracht wurde, daß sich diese aber zu wenigen Grundtypen zusammenfassen lassen, deren Wurzeln in der lebendigen Natur des Menschen liegen. Er nannte das Weltanschauungstypologie, in der zwischen Naturalismus, Pantheismus und Idealismus unterschieden wurde. Darin riet er zur Aneignung aller drei Weltanschauungstypen als den verschiedenen Seiten des einen, wahren Lebens. Aber das Problem ist und bleibt, daß keiner von uns zugleich Pantheist, Materialist und Idealist sein kann und daß noch viel weniger alle drei Weltdeutungen zugleich wahr sein können. Das hat Weber erkannt, der wie Dilthey keine Möglichkeit sah, auf diese Frage eine wissenschaftlich befriedigende Antwort zu geben, und der diese Entscheidung deshalb zu einer privaten Angelegenheit jedes einzelnen erklärte. Aber auch diese Lösung ist philosophisch nicht befriedigend, da sie die Wahrheit letztlich einer persönlichen Entscheidung überantwortet.

Wer könnte da Husserl nicht verstehen, wenn er sich gegen derartige Entwicklungen der Philosophie zur Wehr setzte? Die Frage nach der Wahrheit sollte nicht ungestellt bleiben, mahnte er. Zwar müsse man im Kampf der Weltanschauungen unparteiisch sein, aber doch Partei nehmen für die Wahrheit, anstatt sich nur für die geschichtlich wechselnden Lebens- und Weltvorstellungen zu interessieren. Jedoch beunruhigte Husserl nicht nur der Gedanke, daß wir in Weltanschauungsfragen vielleicht keine sicheren Beweise führen können, sondern, damit verbunden, mehr noch die Ahnung, daß wir dann gänzlich den Boden unter den Füßen verlieren und in irrationale Beliebigkeit oder bindungslosen Skeptizismus abtreiben würden – für ihn eine fürchterliche Vorstellung.

Dabei erkannte er durchaus, daß die ihn persönlich schon seit Jahren quälenden Ängste vor Halt- und Orientierungslosigkeit nicht allein auf seine streng wissenschaftliche Veranlagung, sondern auch auf die damaligen gesellschaftlichen Verhältnisse zurückzuführen waren. Trotzdem hat Husserl Jahre gebraucht, bis er, schon früh »an der Enge einer einseitig mathematisch-naturwissenschaftlichen Ausbildung« (B IX, 141) leidend, endlich Interesse an Geschichte und Gesellschaft nahm. Jetzt sah er als Ursache hinter der Relativität aller Weltdeutungen eine allgemeine Sinnkrise der damaligen Kultur: »Die geistige Not unserer Zeit ist in der Tat unerträglich geworden. Wäre es doch nur die theoretische Unklarheit über den Sinn der in den Natur- und Geisteswissenschaften erforschten Wirklichkeiten ... Es ist vielmehr die radikalste Lebensnot, an der wir leiden, eine Not, die an keinem Punkte unseres Lebens halt macht. Alles Leben ist Stellungnehmen, alles Stellungnehmen steht unter einem Sollen, einer Rechtsprechung über Gültigkeit oder Ungültigkeit, nach prätendierten Normen von absoluter Geltung. Solange diese Normen unangefochten, durch keine Skepsis bedroht und verspottet waren, gab es nur Eine Lebensfrage, wie ihnen praktisch am besten zu genügen sei. Wie aber jetzt, wo alle und jede Normen bestritten ... werden?« (PW 65) Bangen Herzens sah Husserl die moderne Gesellschaft einem Abgrund zusteuern, und klarsichtig erkannte er, daß aus dieser schlimmen Situation auch die Geisteswissenschaften und eine Weltanschauungsphilosophie nicht heraushelfen konnten. Freilich, das »Geistesleben verstehen, ist ... eine große und schöne Sache. Aber leider kann auch dieses Verstehen uns nicht helfen.« (PW 65) Dazu sei ein stärkeres Mittel nötig, nämlich Philosophie als strenge Wissenschaft. Es gibt

»nur Ein Heilmittel: wissenschaftliche Kritik und dazu eine radikale..., in sicheren Fundamenten gründende und nach strengster Methode fortschreitende Wissenschaft: die philosophische Wissenschaft«. (PW 67)

Nun mochte die Erhebung der Philosophie zur Wissenschaft an der Zeit sein, nur ist es schwer zu begreifen, daß ausgerechnet sie die Mächte jener Zeit und deren Not hätte bezwingen können. Auf diese seltsame Hoffnung wird noch näher einzugehen sein. Jedenfalls konnte und wollte Husserl sich nicht mit dem bisherigen Scheitern der Vernunft abfinden, auf das eine Weltanschauungsphilosophie die Antwort war, sondern hielt unbeirrt an der Idee wissenschaftlicher Philosophie fest. »Weltanschauungen können streiten, Wissenschaft kann entscheiden und ihre Entscheidung trägt den Stempel der Ewigkeit.« (PW 67) Allerdings müsse die wissenschaftliche Philosophie nicht nur jedem Relativismus entsagen, sondern sich auch vor Tiefsinn hüten, denn was unendlich tief ist, hat keinen Boden, und es steckt meistens nichts als gehaltlose Leere dahinter. »Tiefsinn ist ein Anzeichen des Chaos, das echte Wissenschaft in einen Kosmos verwandeln will, in eine einfache, völlig klare, aufgelöste Ordnung. Echte Wissenschaft kennt ... keinen Tiefsinn« (PW 69), sondern nur »begriffliche Deutlichkeit und Klarheit.« (PW 69) Sie ist nicht dunkel, hintergründig oder geheimnisvoll, sondern einfach, präzise und zurückhaltend.

So gab sich Husserl im Kampf gegen alle Formen von Relativismus der Hoffnung auf eine neue, wissenschaftliche Einheitsphilosophie hin, die es nicht nur in erkenntnistheoretischen Fragen, sondern auch in metaphysischen Angelegenheiten zu letzter Sicherheit und Klarheit bringen sollte. Im Gegensatz zu Dilthey schloß er »wissenschaftliche Metaphysik« (B VI, 206) niemals aus; aber wie weit war er noch von seinem Ziel entfernt: »Ich sehe goldene Früchte, die keiner sieht, und greifbar nahe habe ich sie vor Augen. Aber ich bin Sisyphus, dem sie immer wieder entschwinden, wenn er nach ihnen greift. Und dieses Greifen ist harte und härteste

Arbeit. Ich mache beständig Fortschritte, und große Fortschritte. Aber der Umfang der zu vollendenden Untersuchungen und die Verwicklung der Probleme ... ist beispiellos. Es geht mir also wieder wie im vorigen Jahrzehnt und mit dem Alter ... verliere ich fast jede Fähigkeit zur Freude, es sei denn an diesen Arbeiten.« (B IX, 40 f.) Die Fronten waren jedenfalls klar, auf der einen Seite Auseinandersetzung mit dem Relativismus, auf der anderen Kampf gegen den Naturalismus.

2.2 Wider den Naturalismus

In den *Logischen Untersuchungen* bekämpfte Husserl den Psychologismus und die Naturalisierung des menschlichen Geistes, da für ihn beide auf erkenntnistheoretischen Relativismus und Skeptizismus hinausliefen. Jetzt unterwarf er auch den Naturalismus als solchen der Kritik, der »eine Folgeerscheinung der Entdeckung der Natur (sei), der Natur im Sinne einer Einheit des räumlich zeitlichen Seins nach exakten Naturgesetzen«. (PW 13) In einem Brief an Rickert schrieb er, »wir kämpfen als Bundesgenossen gegen den Naturalismus als unseren gemeinsamen Feind.« (B V, 178) Wie heute neigten damals viele Denker dazu, »alles als Natur« (PW 13) darzustellen. »Der Naturalist ... sieht nichts anderes als Natur und zunächst physische Natur. Alles, was ist, ist entweder selbst physisch, es gehört dem einheitlichen Zusammenhang der physischen Natur an, oder es ist zwar Psychisches, aber dann bloße abhängig Veränderliche von Physischem, bestenfalls eine sekundäre parallele Begleittatsache.« (Ebd.) Ein Naturalist schreckt also weder vor einer »Naturalisierung des Bewußtseins« (PW 14) noch vor einer »Naturalisierung der Ideen« (ebd.) zurück; es ist bekannt, daß er auch »die Vernunft naturalisiert« (PW 15), in ihr nur eine Tätigkeit des Neocortex sehen möchte.

Besonders begünstigt und gefördert wird der Naturalismus auch heute durch die sich immer weiter verbreitende naturwissenschaftliche Weltsicht, nach der das expandierende Universum nur aus Wasserstoff und Helium besteht, aber mit mehr als 100 Milliarden Galaxien erfüllt ist. Eine solche Welt kann eine Sonderstellung des Menschen darin kaum noch zulassen; dagegen läßt sie vielmehr den Verdacht aufkommen: »Seine zufällig und temporär erwachsenen Ideen und Ideale projiziert der Mensch in das unendliche Weltall hinein, fingiert sich eine absolute Vernunft ... und fühlt sich nun in seiner Gotteskindschaft geborgen.« (Hua XXVIII, 14) Die neuzeitliche Kosmologie hat jedoch diese stolze Anmaßung der Lächerlichkeit preisgegeben. Heute ist bekannt, daß wir in einem unermeßlichen Weltall mit Milliarden von Sonnen und Galaxien angesiedelt sind, an dessen Größe gemessen Erde und Menschheit noch nicht einmal wie flüchtige Pünktchen erscheinen. Aus dieser Perspektive erscheinen wir Menschen tatsächlich als in die Masse alles anderen irdisch Existierenden eingebunden.

Außerdem zieht die biologische Evolutionslehre die Menschheit als Zufallsprodukt einer langen, ungerichteten Entwicklung erbarmungslos in das Naturgeschehen hinein. Zu alledem kommt die moderne Genetik, die wiederum die Lebensäußerungen der Menschen weitgehend von Erbanlagen abhängig sein läßt. Nicht zuletzt passen dazu die seit einigen Jahren in den Mittelpunkt philosophischen Interesses gerückten Ergebnisse der Neurowissenschaften, nach denen unser Geistesleben stärker als bisher vermutet von Hirnprozessen abhängt. Die gegenwärtig immer weiter um sich greifende Naturalisierung des Geistes, der Erkenntnistheorie und der Moral sind Teile dieser Entwicklung unserer Zeit.

Ganz anders als Husserl sind aber heute viele Philosophen bereit, die Überlegenheit der modernen Naturwissenschaften über alle anderen Wissensformen oder Denkstrukturen anzuerkennen und den Naturalismus ohne Einspruch hinzunehmen, sogar in ihn einzuwilligen. Zu Beginn unseres

Jahrhunderts war es anders; denn Denker wie Husserl widersetzten sich mit bewundernswertem Scharfsinn der zunehmenden Verselbständigung und Alleinherrschaft der Naturwissenschaften. Darin stimmte er mit Dilthey überein, der gleichfalls »gegen die Herrschaft der Naturwissenschaften über die Philosophie« (B VI, 51) kämpfte. Obgleich Husserl niemals ein Urteil aus einer reinen Gefühlsstimmung heraus fällte, ließ er doch keine Gelegenheit ungenutzt, dem Naturalismus eine Absage zu erteilen. In dieser Frage steuerte er einen ebenso geraden Kurs wie im Bemühen, den Relativismus zu überwinden. Nicht nur daß der Naturalismus ein Märchen ohne Wahrheitsgehalt sei, sehr groß sei auch die Gefahr materialistischer Verflachung in der Philosophie.

Gleichzeitig bewunderte Husserl die modernen Naturwissenschaften, obgleich sein Respekt mit heftiger Abwehr verbunden war. So blieb sein Verhältnis ihnen gegenüber zweideutig, schwankend. Völlig eindeutig war dagegen seine Absage an die Naturalisierung des Geistes und der Vernunft, an den sogenannten physikalistischen Objektivismus in der Psychologie. Mit diesem Spuk, der auch die Philosophen der damaligen Zeit aufstörte, wollte er radikal aufräumen. Dabei zielte seine Kritik auf dreierlei:

Er bestritt, daß sich psychische Erlebnisse wie Naturereignisse interpretieren lassen, wie es die experimentelle Psychologie der damaligen Zeit tat. Ein psychisches Erlebnis »hat keine realen Eigenschaften, es kennt keine realen Teile, keine realen Veränderungen und keine Kausalität: all diese Worte im naturwissenschaftlichen Sinne verstanden.« (PW 35 f.) Erlebnis ist überhaupt »nicht Natur« (PW 35) und hat »nichts mit Natur« (PW 36) gemein. Es steht für sich selbst und läßt sich nur in reflektierter Innerlichkeit erfassen. Darin zeigt sich das »psychische Sein als Phänomen« (PW 35), das heißt als solches, das es nur in und für sich selbst gibt. Die Naturalisierung des Geistes ist »Widersinn« (PW 36), weil »dessen Wesen das Sein der Natur ausschließt.« (Ebd.)

Weiter bezweifelte Husserl, daß die Grundbegriffe der Psychologie aus psychologischen Experimenten und Erfahrungen herleitbar seien. Tatsächlich seien sie apriorischer Art und nur phänomenologischen Wesensanalysen zugänglich, die ganz allgemein umfassen, was unser Bewußtsein, unsere subjektiven Zustände oder Erlebnisse zu Spezialfällen allgemeiner Begriffe wie Vorstellen, Denken, Fühlen, Werten machte. Sie stellten Voraussetzungen psychologischer Erfahrungen und Experimente dar, nicht aber einen Teil ihrer Ergebnisse.

Der schlimmste Fehler und Irrtum bestehe drittens in der Anmaßung der empirischen Psychologie, Grundlagendisziplin aller Wissenschaften zu sein. Diesem Wahn begegnete er mit den gleichen Argumenten, die er bereits in seinen früheren Auseinandersetzungen mit dem Psychologismus erarbeitet hatte. Empirische Psychologie ist eine Tatsachenwissenschaft, die es mit Naturgesetzen des Geistes zu tun hat. Diese sind als solche nicht in der Lage, wie er bereits in den *Logischen Untersuchungen* zeigte, die allgemeinen Geltungsprinzipien der Wissenschaften zweifelsfrei zu bestimmen und festzulegen[34]; das sei gerade die Aufgabe der Philosophie als strenger Wissenschaft.

Husserls zäher Widerstand gegen den Naturalismus im allgemeinen und die Naturalisierung von Geist, Vernunft und Erkenntnistheorie im besonderen blieb sein ganzes Leben lang ungebrochen. Der Naturalismus dürfe sich unter keinen Umständen durchsetzen, meinte er, wenn nicht menschliche Vernunft und selbstverantwortliches Leben erstickt werden sollten. Wir müssen uns ebenso hüten, die Macht der Wissenschaft zu überschätzen, wie auch deren wirkliche Bedeutung zu verkennen oder ihre Ergebnisse einseitig zu beurteilen. In Ermahnungen solcher Art widerstand Husserl für gewöhnlich nicht der Versuchung, die Naturwissenschaften zu verdächtigen, die Menschen auf den gefährlichen Weg eines seelenlosen Naturalismus abdrängen zu wollen, auf dem ihre Sinn- und Lebensfragen verkümmern müßten. Überhaupt seien die Naturwissenschaften außerstande, die eigentlichen Fragen der Menschheit zu lösen und ihre Zeit aus der geistigen Krise herauszuführen, zu der sie selbst nicht wenig beigetragen hätten. So kann man bei ihm lesen, daß die heutige Not »nur immer größer (wird), je weiter der Umkreis positiver Wissenschaften sich dehnt. Die ungeheure Fülle wissenschaftlich erklärter Tatsachen, mit denen sie uns beschenken, kann uns nicht helfen ... Die Naturwissenschaften haben uns die aktuelle Wirklichkeit, die Wirklichkeit, in der wir leben, weben und sind, nicht enträtselt, an keinem einzigen Punkte. Der allgemeine Glaube, daß dies zu leisten ihre Funktion und sie nur noch nicht weit genug seien, die Meinung, daß sie dies – prinzipiell – leisten können, hat sich Tieferblickenden als ein Aberglaube enthüllt.« (PW 65) Den vertrat zur gleichen Zeit jedoch Ernst Haeckel, nach dessen Ansicht »die Mittel und Wege zur Lösung der Welträtsel ... diejenigen der reinen wissenschaftlichen Erkenntnis überhaupt«[35] sind. Ähnlich die Mitglieder des Wiener Kreises: »Die wissenschaftliche Weltauffassung kennt keine unlösbaren Rätsel.«[36] Diese Auffassung teilte auch Freud: »Die Rätsel der Welt entschleiern sich unserer Forschung nur langsam, die Wissenschaft kann auf viele Fragen heute noch keine Antwort geben. Die wissenschaftliche Arbeit ist aber für uns der einzige Weg, der zur Erkenntnis der Realität außer uns führen kann.«[37] Dagegen betonte Husserl, mit Dilthey übereinstimmend, daß sich das »Welt- und Lebensrätsel« keiner naturwissenschaftlichen Lösung zuführen läßt.[38] »Nirgends erfährt man weniger, was in letztem, absolutem Sinn Natur ist als in der exakten Naturwissenschaft.« (B IX, 109)

Sein Verhältnis zu den modernen Naturwissenschaften blieb also äußerst gespannt. Einerseits stand für ihn deren Berechtigung und Nutzen außer Frage; ganz traditionell sah er sogar eine wesentliche Aufgabe der Philosophie darin, sie erkenntnistheoretisch zu begründen. Andererseits glaubte er sie in ihre Grenzen weisen zu müssen und machte sie für die geistige Not der Gegenwart mitverantwortlich. Deren Überwindung erhoffte er sich von der Philosophie als strenger Wissenschaft: »Die Not stammt hier von der Wissenschaft. Aber nur Wissenschaft kann die Not, die von Wissenschaft stammt, endgültig überwinden.« (PW 66) Mit anderen Worten: Den in Neuzeit und Gegenwart so häufig verabsolutierten Naturwissenschaften setzte er eine absolute Vernunftwissenschaft entgegen.

Husserl war eben nicht nur ein Philosoph wider den Relativismus, sondern auch gegen den Naturalismus. In seinem Zweifrontenkrieg trat er für eine phänomenologische Vernunftphilosophie ein, deren besonderen Merkmale anschauliche Nachvollziehbarkeit und nüchterne Deskription werden sollten, nicht aber abstruse Verstiegenheit oder gequälte Konstruktion. Ihre Ausarbeitung blieb zwar den nächsten Jahren vorbehalten. Soviel stand aber jetzt schon fest: Natur sollte für die phänomenologische Vernunftwissenschaft nicht »nur« Natur, sondern vor allem ein geordneter, anschaulicher Vernunftzusammenhang sein, und der Mensch würde darin nicht »nur« als Teil der Natur, sondern in erster Linie als Vernunftwesen erscheinen. Werden aber Welt und Mensch als vernünftig angesehen, so scheint es nur folgerichtig, sie auf ein göttliches Absolutes zurückzuführen und von diesem her zu erklären. Traditionell gesprochen ist es ganz widersinnig, daß eine vernünftig geordnete Welt ihren Daseinsgrund in sich haben, von und aus sich selbst sein könne. Dennoch vermied Husserl in seinen Schriften diese auf theistische Metaphysik hindeutende Folgerung, obgleich er in seinen Briefen wiederholt hervorhob, daß er selbst »von innen und von oben her« (B IX, 40) zum Philosophieren angetrieben werde. Aber zunächst setzte er sich nur mit der Vorstellung von der Welt als anschaulichem Vernunftzusammenhang auseinander, die er von einem der Natur und Geschichte enthobenen Ort aus rechtfertigen wollte.

Bei alledem sind die existentiellen Wurzeln seines Philosophierens kaum zu übersehen, auch wenn er sie in der Formel von der geistigen Not der Zeit nur sehr schwach sichtbar werden ließ. Verständlicherweise äußerte er sich darüber offenherziger in Tagebuch und Briefen, nicht nur dann und wann einmal, sondern ständig und überall.

Von Anfang an war Husserl davon überzeugt gewesen, daß es kein Halten mehr gebe, wenn der Anspruch auf letztgültige Erkenntnis und endgültige Wahrheit fallengelassen werde, wie ihm überhaupt die Vorstellung einer vernunftlosen Welt vor dem Hintergrund der tief empfundenen Bodenlosigkeit seiner Zeit ein Greuel war. »Natürlich verlieren damit ... alle absoluten Ideen und Ideale ihre ... metaphysische Bedeutung für die Gesamtwirklichkeit.« (Hua XXVIII, 14) Deshalb widersetzte er sich mit der ganzen Kraft seines Geistes allen Richtungen, die in Welt und Mensch weiter nichts als vernunft- und wertlose Natur sehen konnten. Solchen Vorstellungen stellte er fortan seine vernunftwissenschaftliche Phänomenologie entgegen, auf deren Ausarbeitung er jede erdenkliche Mühe verwandte. Obgleich ihm bald der lang ersehnte Durchbruch gelang, ein Ausweg aus allen bisherigen Schwierigkeiten und Ungereimtheiten, kam er mit seiner Arbeit insgesamt aber nur unter größter Anstrengung voran: »Ich bin freilich in einer sehr bösen Situation. Eine ungeheure Lebensaufgabe, höchst umfassende Untersuchungen angefangen, halb fertig: und dem gegenüber beschränkte Arbeitszeit, beschränkte Kräfte, und eine beschränkte Anzahl von Lebensjahren, auf die ich noch ernstlich rechnen kann.« (B IX, 46)

3. Durchbruch des absoluten Ich

In Husserls Denken, das sich von Krise zu Krise fortentwickelte, vollzog sich die wichtigste Wandlung zwischen 1901 und 1913. In dieser Zeit entdeckte er die absolute Subjektivität, von der er sich eine Antwort auf alle offen gebliebenen Fragen erhoffte. Auch wenn er in jenen Jahren nur wenig veröffentlichte, so arbeitete er, ob im Zustand erschöpfter Niedergeschlagenheit oder im Vollgefühl erstarkter Lebenskräfte, doch ununterbrochen weiter; er stand noch zu sehr im Schatten erst angestrebter Klarheit. 1909 stellte er bekümmert fest: »Obschon ich diesen Arbeiten mit allen Kräften hingegeben bin und seit 8 Jahren so viel überdacht und entworfen habe, weiß ich nicht, ob ich die Ausgabe der Publikationen in diesem Jahre oder in einigen Jahren beginnen werde.« (B V, 111) Deutlicher noch in einem anderen Brief desselben Jahres: »Was mich beunruhigt ist, daß ich noch immer keine völlig klare innere Einheit all der Probleme besitze, reinlich auseinandergelegt und geordnet und systematisiert.« (Hua III/1, XX)

1911 wendete sich dann das Blatt: »Ich arbeite, nun schon das zehnte Jahr, mit Aufwand aller Kräfte an einer systematischen Begründung der Phänomenologie, bzw. der phänomenologischen Theorie und Kritik der gesammten Vernunft. Ich glaube, die wesentlichsten Schwierigkeiten überwunden zu haben.« (B V, 206) Trotzdem entschloß er sich erst 1913, also zwei Jahre nach Veröffentlichung von *Philosophie als strenge Wissenschaft*, das angekündigte systematische Werk, das er selbst »Durchbruchsschrift« (B IV, 23) nannte, herauszugeben. Es erschien im ersten Band des *Jahrbuches für Philosophie und phänomenologische Forschung*, das Husserl gegründet hatte, in dem später auch Heideggers *Sein und Zeit* zum ersten Male publiziert wurde. Husserl nannte sein neues Werk *Ideen zu einer reinen Phänomenologie und phänomenologischen Philosophie*, ein Titel, der an Diltheys *Ideen über eine beschreibende und zergliedernde Psychologie* von 1894 erinnert. Später wies er gelegentlich darauf hin, daß er es »in 6 Wochen, ohne Entwürfe als Unterlage, wie im trance hingeschrieben« (B IV, 413) habe. Das merkt man, denn eine stilistische Meisterleistung ist es keineswegs, aber welches philosophische Buch, in dem Neues entsteht, ist das schon? Man denke nur an Kants *Kritik der reinen Vernunft*, in der gleichfalls ohne das kleinste Zugeständnis an die Leser neue Erkenntnisse in größter Dichte entwickelt wurden.

Ursprünglich sollten Husserls *Ideen* drei Bücher umfassen. Das 1913 vorgelegte war eines davon mit dem Untertitel: »Allgemeine Einführung in die Phänomenologie«, gewöhnlich »Ideen I« genannt. Die beiden anderen, Ideen II und III, hat Husserl nie abgeschlossen. Für den zweiten Band waren zwei Teile geplant: Analysen und Wissenschaftstheoretische Betrachtungen. Mit der Abfassung der Ideen III, als »Idee der Philosophie« vorgesehen, wurde nie begonnen, während es zu den Ideen II immerhin umfangreiche Entwürfe gibt, an denen Husserl bis etwa 1928 arbeitete. Sie wurden 1952 in den Bänden IV und V der Gesamtausgabe Husserliana als Ideen II und III herausgegeben. Diese Titel sind jedoch mißverständlich, da sie von früheren Planungen abweichen. Was hier Ideen II und III genannt wurde, sollte ursprünglich alles Ideen II heißen.

3.1 Abkehr von der Welt

Den Ausgangspunkt von Ideen I bildet wieder die von ihm so genannte natürliche Einstellung des alltäglichen und wissenschaftlichen Erfahrungsbewußtseins. Damit ließ Husserl fast alle seine Schriften beginnen. Besondere Sorgfalt verwendete er auf deren Beschreibung in den Vorlesungen »Grundprobleme der Phänomenologie« 1910/11, dann aber auch in späteren Abhandlungen wie *Phänomenologie und Erkenntnistheorie* aus dem Jahre 1917. In den Ideen I spricht er gelegentlich statt von natürlicher auch von »dogmatischer Einstellung« (Id I, 47), in der wir gewissermaßen kein offenes Auge für das haben, was wir täglich vor uns sehen. Normalerweise, heißt es darin, bin ich »mir einer Welt bewußt, endlos ausgebreitet im Raum, endlos werdend und geworden in der Zeit.« (Id I, 48) Er geht dann davon aus, daß die vorgestellte Wirklichkeit nur ein kleiner Ausschnitt des Ganzen ist, »daß die Dinge im endlosen Raum weiter fortgehen und sich in die unendliche Vergangenheit zurückerstrecken wie sie andererseits in eine endlose Zukunft hineinreichen.« (G 17) Außerdem sind wir Menschen gewöhnlich davon überzeugt, »daß die Dinge nicht nur sind, wenn sie wahrgenommen sind, und nicht nur waren, wenn sie wahrgenommen waren. Dinge, die da sind, sind an sich und waren an sich und werden an sich sein.« (Ebd.) Wir selbst sind Teile dieser Welt. »Vorkommnisse derselben natürlichen Wirklichkeit« (Id I, 58), mit der wir in gleich »doppelter Weise« (Id I, 70) verbunden sind, als Lebewesen in ihr und als Bewußtsein von ihr.

Sowohl für das vorwissenschaftliche Weltverständnis als auch für die wissenschaftliche Weltauffassung ist diese Sichtweise charakteristisch, wobei die »letzte Quelle ..., aus der die Generalthesis der Welt, die ich in der natürlichen Einstellung vollziehe, ihre Nahrung schöpft, ... die sinnliche Erfahrung oder Wahrnehmung« (ebd.) ist. Sie vermittelt ein fast untrügliches Wissen von der Existenz der Welt und unserer Zugehörigkeit zu ihr, daher bewertet Husserl die Augen auch höher als unsere übrigen Sinnesorgane.

Jedoch verließ er im weiteren Verlauf die natürliche Einstellung, um die phänomenologische oder philosophische zu gewinnen. Dieses Ziel erreichte er durch »phänomenologische Reduktion«, jene Entdeckung aus dem Jahre 1905, von der er die sogenannte »eidetische Reduktion« (Id I, 4) unterschied. Beide vollziehen eine Abkehr von der Welt, setzen deren Existenz in Klammern: »Die zum Wesen der natürlichen Einstellung gehörige Generalthesis setzen wir außer Aktion, alles und jedes ... setzen wir in Klammern: also diese ganze natürliche Welt« (Id I, 56) und darüber hinaus »alle auf diese natürliche Welt bezüglichen Wissenschaften« (ebd.), die Naturwissenschaften ebenso wie die Menschheit selbst als Teil der Welt. Mit der eidetischen Reduktion wird also die Existenz der Dinge, die Faktizität alles zeitlich Konkreten ausgelöscht zugunsten eines Blicks auf das wesenhafte Allgemeine. Die Existenz der Welt setzen wir außer Kurs, um deren Essenz in den Blick zu bringen.

Damit wiederholte Husserl nur, was er in den *Logischen Untersuchungen* bereits über die Wesensschau geschrieben hatte. In der eidetischen Reduktion stellen wir die in der sinnlich-konkreten Ansicht der Dinge (rotes Buch, einzelner Baum) enthaltenen Wesensbestimmungen (Wesen Röte, Wesen Baum) durch abstrahierendes Denken heraus. Zum wiederholten Male wies Husserl in diesem Zusammenhang darauf hin, daß der Wesenserfassung oder Ideation eine Anschauung von Einzelnem, Singulärem, Individuellem zugrundeliege, ob in der Form der Wahrnehmung, Erinnerung oder Phantasie. Allerdings wurden jetzt die Wesenheiten oder Ideen weniger aus den Einzeldingen durch Abstraktion herausgelegt, als vielmehr durch deren Einklammerung freigelegt. Dabei betonte Husserl: »Das Wesen (Eidos, Idee) ist ein neuartiger Gegenstand« (Id I, II), der »nicht das mindeste von Setzung irgendeines individuellen Daseins« (Id I, 13) einschließt.

Diese auf eidetische Reduktionen gegründete Wesensphilosophie ist eine Form von Platonismus, der gleichfalls zwischen dem, was die Dinge sind, und dem Umstand, daß sie sind, unterscheidet. Blumenberg[39] und Löwith[40] haben bewiesen, daß selbst bei Platon die Existenz der Dinge hinter deren Essenz zurückgeschoben wurde. Denn auch er verlegte das Schwergewicht des philosophischen Fragens von der vollen Konkretion des welthaft Existierenden auf dessen allgemeine Wesensstrukturen. Allerdings darf ein wichtiger Unterschied nicht übersehen werden. Bei Platon sind die Wesensformen der Welt das eigentlich Existierende, bei Husserl bezeichnen sie dagegen nur reine Möglichkeiten. Die nach Einklammerung aller realen Dinge hervortretenden Eigenheiten werden von ihm als Wesensmöglichkeiten erschaut.

Hier kommt wieder die Frage auf, warum Husserl meinte, über die Wesensform der Welt als deren allgemeine Möglichkeit nachdenken zu müssen, anstatt lieber den Garten zu bestellen. Diese Frage drängt sich selbst dann auf, wenn »wir schon den Mut gefunden haben ... uns ... von der ... Blindheit für alles Eidetische zu befreien.« (Hua XXV, 154) Seine vordergründige Antwort war erkenntnistheoretischer Art. »Vor aller Existenz, vor allem tatsächlichen Dasein und allen Tatsachengesetzen steht die Essenz, das Eidos und seine Gesetze« (ebd.), welche die »prinzipielle(n) Bedingungen der Möglichkeit einer Natur überhaupt, oder was dasselbe ist, für jede mögliche Naturwirklichkeit aussprechen.« (Ebd.) So verstanden bedeutet Wesensschau, die Möglichkeiten für Erkenntnis offenzulegen, die Grundbegriffe zu bedenken, mit deren Hilfe die Wissenschaften die Wirklichkeit erklären, die aber nicht von ihr selbst stammen, sondern als notwendige Erkenntnisvoraussetzungen vor jeder Erfahrung liegen und somit apriorischen Charakter besitzen. Die Phänomenologie ist als »Wesenswissenschaft ... eine apriorische ... Wissenschaft« (Id I, 5), welche die von ihr erschauten Wesensformen als letztgültig ansehen muß, wenn die darauf aufbauenden Wissenschaften überhaupt zu wahren Erkenntnissen fähig sein sollen.

Diese Wesensformen, als das unmittelbar Einleuchtende und damit zwanglos Zwingende, bürgen für sich selbst, sie garantieren diese Letztgültigkeit. Die »letzte Rechtsquelle aller vernünftigen Behauptungen (ist) die originär gebende Anschauung« (Id I, 36), das sogenannte »Prinzip aller Prinzipien« (Id I, 44); alles, was sich in ihr »originär darbietet, ist einfach hinzunehmen, als was es sich gibt.« (Ebd.) »Nicht den Platon und Aristoteles sollen wir über die Natur der Dinge befragen, sondern das Buch der Natur im Original aufschlagen.« (Hua XXV, 206) »Wir wollen auf die Sachen selbst zurückgehen.« (LU II/1, 6) Deshalb hielt Husserl Otto Liebmanns Devise: »Zurück zu Kant!« auch für verfehlt. Der richtige Ruf, dessen Sinn Heidegger auf die knappe Formel brachte: »Zu den Sachen selbst!«[41], lautete bei Husserl: »An die Sachen selbst als freie Geister, in rein theoretischem Interesse.« (Hua XXV, 206) Der Urtyp »originär gebender Anschauung« war die sinnliche Wahrnehmung; dieser wurde die »originär gebende Wesensanschauung« nachgebildet.

Mit den *Logischen Untersuchungen* verglichen, enthalten diese Überlegungen nichts wesentlich Neues; sie verschleppen nur bereits erwähnte Schwierigkeiten, insbesondere das Problem der Wesensbetrachtung ohne Subjekt. Allerdings trat jetzt eine Lösung in den Blick, die für Husserl bis zu seinem Lebensende Gültigkeit behielt, später so überzeugend und beweiskräftig blieb wie am ersten Tage. Wenn es keine Wesenserkenntnis ohne Subjekt gibt, das empirische menschliche Subjekt aber deren Letztgültigkeit nicht garantieren kann, dann muß es außer diesem Subjekt in uns noch ein anderes geben, das dazu in der Lage ist, das sogenannte absolute Bewußtsein oder transzendentale Ego.

Dieses liegt nicht offen zutage; es sind sogar besondere Anstrengungen nötig, um es sichtbar werden zu lassen. Die angemessene Methode bezeichnet Husserl im Unterschied zu der eidetischen Reduktion als »transzendental-phänomenologische Reduktion.« (Id I, 59) Sie läßt wie die eidetische alle »singulären Fakta, die Faktizität der natürlichen Welt« (Id I, 60) aus dem Blick entschwinden, versucht somit eine »Ausschaltung der natürlichen Einstellung« (Id I, 108), »Ausschaltung der natürlichen Welt, der physischen und psychophysischen, auch alle(r) ... Kulturfakta« (ebd.), »Ausschaltung alle(r) Natur- und Geisteswissenschaften mit ihrem gesamten Erkenntnisbestande« (ebd.), sogar »Ausschaltung« (Id I, 113) alles wesenhaft Allgemeinen. Diese Weltentsagung ruft die Frage hervor: »Was kann denn übrig bleiben, wenn die ganze Welt, eingerechnet uns selbst ... ausgeschaltet ist?« (Id I, 57) Was ist das »Residuum der Weltvernichtung?« (Id I, 91)

3.2 Selbstgenügsame Innerlichkeit

Husserls Antwort lautete: das transzendentale Subjekt oder das absolute Bewußtsein: »Die phänomenologische Reduktion behält nach Ausschaltung der natürlichen Einstellung das absolute oder transzendental reine Bewußtsein zurück.« (Id I, 108) Das war der Ausweg aus der erwähnten Schwierigkeit und wurde fortan Husserls archimedischer Punkt, der tragende Pfeiler seines Denkgebäudes, das Kraftzentrum seiner Philosophie, der Brennpunkt, in dem sich seine weiteren Anstrengungen trafen. Dieser lag nicht in der Welt, sondern außerhalb ihrer, dennoch sollte ein jeder ihn in sich selbst haben. Wir Menschen seien Doppelwesen, einerseits ganz normale Lebewesen, andererseits transzendentale Ich, von denen so viele existieren, wie Menschen in der Welt leben: »Es gibt soviele reine Ich als es reale Ich gibt.« (Hua IV, 110)

Das transzendentale Ich, das jeder im Inneren ist, besitzt »absolutes Sein« (Ideen I, 92), womit ausgedrückt werden soll, daß das absolute Bewußtsein etwas wirklich Existierendes ist und nicht nur eine abstrakte Größe darstellt, und zweitens, daß es als etwas Absolutes auf nichts in der realen Welt zurückgeführt werden kann. Es ist weder Teil noch Produkt der Natur. Dem entsprechend gilt, daß »kein reales Sein ... für das Sein des Bewußtseins selbst notwendig« (Id I, 92) ist, da es »ein(en) für sich geschlossene(n) Seinszusammenhang« (Id I, 93) bildet, eine Wirklichkeit sui generis, »ihrem Wesen nach von allem weltlichen, naturhaften Sein independent.« (Id I, 96) Kurz gesagt: »Existenz einer Natur kann Existenz von Bewußtsein nicht bedingen.« (Ebd.)

Daraus ergibt sich: Nach Ausschaltung der realen Welt, die Menschen und die Wissenschaften eingeschlossen, und nach Ausblendung alles Wesenhaften tritt mit bezwingender Evidenz das sogenannte transzendentale Subjekt hervor, das jeder von uns auf seinem tiefsten Grunde ist und das weder von der Natur abhängt noch zu ihr gehört.

Im Gegenteil wird nun die Natur als vom absoluten Subjekt abhängig vorgestellt. Der Übergang von der natürlichen zur transzendental-phänomenologischen Weltsicht kommt damit einer Umkehrung der alltäglichen Stellung von Ich und Welt gleich. Während in der natürlichen Sicht das Subjekt sich von der subjektunabhängigen Natur bedingt weiß, wird in der transzendental-phänomenologischen Vorstellung die Natur als vom weltunabhängigen Subjekt bedingt erschaut. »So kehrt sich der gemeine Sinn der Seinsrede um. Das Sein, das für uns das Erste ist, ist an sich das Zweite, d.h. es ist, was es ist, nur in Beziehung zum Ersten.« (Id I, 93) Anders formuliert: »Statt daß die Welt mich umspannt, umspanne ich die Welt.« (Hua XXV, 176) So verliert sie ihre Absolutheit: »Realität, sowohl Realität des einzelnen genommenen Dinges als auch Realität der ganzen Welt, entbehrt wesensmäßig ... der Selbständigkeit. Sie ist nicht in sich etwas Absolutes ..., sondern ... nur Bewußtes, bewußtseinsmäßig Vorstelliges, Erscheinendes.« (Id I, 94) Dem entsprechend ist »die ganze räumlich-zeitliche Welt ... ihrem Sinne nach bloßes intentionales Sein, also ein solches, das den bloßen sekundären, relativen Sinn eines Seins für ein Bewußtsein hat.« (Id I, 93)

Solche und viele andere Formulierungen machen Husserl zu einem Vertreter der idealistischen Bewußtseinsphilosophie, nach der es kein Sein ohne Selbst, Welt nicht ohne Ich geben kann. Die ursprüngliche Frage nach Erkenntnis der Welt an sich ist verschwunden, Husserl in die Nähe Kants gerückt, dem er zuerst sehr kritisch gegenüberstand: »Meine eigene Entwicklung (war) ursprünglich kantfeindlich, ... als sich mit der phänomenologischen Reduktion (aber) das Reich der Urquellen aller Erkenntnis eröffnete, da musste ich erkennen, daß die mir zuwachsende Wissenschaft ... Kants Hauptergebnisse streng wissenschaftlicher Begründung und Begrenzung bestätigte.« (B V, 4)

Genauer definierte Husserl seine Philosophie nun als »Wesenslehre von den reinen Phänomenen, denen des reinen Bewußtseins des reinen Ich.« (LU II/2, 236, vgl. auch Id I, 113) Ähnlich in der Freiburger Antrittsvorlesung 1917: »Die reine Phänomenologie ist die Wissenschaft vom reinen Bewußtsein« (Hua XXV, 75), ihre Methode ist betrachtende Reflexion. »Reflexion ist ... der Titel der Bewußtseinsmethode für die Erkenntnis von Bewußtsein überhaupt.« (Id I, 147) Das reine Bewußtsein, für Husserl ewiges Fundament der Philosophie, für uns bestenfalls noch Problem, sei aus sich selbst verständlich. Es schöpfe seine Erkenntnisse in einsamer Rückwendung auf sich selbst aus seinem eigenen Inneren. Das darin Erblickte sei »absolut gegeben, gegeben als es selbst, in absoluter Selbstheit, schlechthin zweifellos. Jede Möglichkeit des Zweifels, jede Möglichkeit eines Nichtseins ist prinzipiell ausgeschlossen.« (Hua XXV, 165) Reflexion ist also ein Erkenntnisweg, der zu absoluten Gewißheiten führt, wie Fichte bereits bemerkte, nach dem sich gleichfalls »aus der Reflexion«[42] absolute Wahrheiten ergeben.

Heute ist allerdings das Vertrauen auf die Kraft der Reflexion zutiefst erschüttert, denn man hat mittlerweile erkannt, daß sie durchaus auch zersetzende Wirkung ausüben kann. Bereits Hegel und Kierkegaard sahen in ihr eine Gefahr, Arnold Gehlen zählte sie sogar zu den »gefährlichsten aller Medien«[43], und Walter Schulz erblickt in ihr ein Instrument, das keineswegs mehr den Weg zu letzten Sicherheiten bahnt.[44] Sie erkennen in ihr eine verunsichernde Macht, eine Kraft, die alles Feste aufweicht, Haltgebendes zum Einsturz bringt. Im Gegensatz zu Fichte und Husserl, denen zufolge die Reflexion absolute Gewißheiten hervorbringt, versetzt sie nach Gehlen oder Schulz uns Menschen in einen Zustand innerer Instabilität und äußerer Haltlosigkeit.

Diesem gegensätzlichen Verständnis entspricht eine unterschiedliche Bewertung jener Selbstverständlichkeiten, ohne die wir im Alltag nicht auskommen. Während Gehlen vor allem deren entlastenden Charakter hervorhebt und die fortwährend problematisierende Reflexion für eine zu große Belastung des einzelnen hält, setzt Husserl Selbstverständlichkeit mit Unaufgeklärtheit gleich, die ein Vernunftwesen nicht fraglos hinnehmen darf. Sicherlich entfremde und entferne uns die Reflexion von der gewohnten und scheinbar bekannten Welt. Sie bringe uns in Abstand zu uns selbst und zu den alltäglichen Verhältnissen; aber nur, damit wir diese kennenlernen. Das Bekannte soll durch Reflexion erkannt, das Selbstverständliche verständlich werden.

Dabei trat Husserls gespanntes Verhältnis zu den modernen Naturwissenschaften, das von Anfang an zwischen zurückhaltender Anerkennung und verkappter Ablehnung hin und her schwankte, immer mehr zutage. Allenthalben sah er das Gespenst des Naturalismus umgehen, das er mit der transzendentalen Phänomenologie vertreiben zu können glaubte. Nachdrücklich wies er darauf hin, daß, wer die »physikalische ... Natur verabsolutiert« (Id I, 101), das »wahrhaft Absolute, das reine Bewußtsein als solches« (ebd.) verkenne, auf das die Natur im idealistischen Sinne bezogen sei. Er ließ den Absolutismus der verwissenschaftlichten Natur in den Absolutismus der transzendentalen

Subjektivität umschlagen. In den Ideen I ging er ohnehin nur sehr knapp auf die modernen Naturwissenschaften ein (vgl. Id I, 73); sein hauptsächliches Interesse galt der vor- und außerwissenschaftlichen Welt der schlichten Wahrnehmung, die er der unanschaulichen Theorienwelt der Naturwissenschaftler vorordnete. Diese bezweifeln oft die Wahrheit der sinnlichen Gewißheit, mißtrauen dem Zeugnis der Sinne und verlassen sich auf ihre mathematisch-physikalischen Konstruktionen. Sie meinen, die eigentliche Welt kann nicht sinnlich gesehen, sondern nur mathematisch gedacht werden. Das »wahre Sein« (Id I, 72) sei »ein anders Bestimmtes als das in der Wahrnehmung als leibhafte Wirklichkeit gegebene.« (Ebd.) Dieses werde naturwissenschaftlich durch »Begriffe wie Atome, Ionen, Energien usw. bestimmt.« (Ebd.) Im Gegensatz dazu strebte Husserl eine »Rettung der Phänomene« an, um es mit einer seit der Antike gebräuchlichen Formel zu sagen.

Diese Formel stammt von Simplikios und wurde seit Eudoxos von Knidos ganz allgemein auf jene Himmelserscheinungen bezogen, die sich deren Meinung nach augenscheinlich weder kreisförmig noch gleichförmig bewegten, was jedoch ihrer Göttlichkeit widersprach. Rettung der Phänomene bedeutete deshalb, die sichtbaren Unregelmäßigkeiten, die Phänomene am Himmel, mit mathematischen Modellen auf bestimmte Gesetzmäßigkeiten zurückzuführen. Die Abweichungen von den Kreisbahnen und die ungleichmäßigen Geschwindigkeiten der sichtbaren Himmelskörper sollten als in Wahrheit regelmäßige Bewegungen vorgestellt werden, die nur dem irdischen Beobachter unregelmäßig erschienen, während sie sich tatsächlich auf festen Kreisbahnen in konstanter Geschwindigkeit vollzogen. Das ließ sich mit Hilfe der Geometrie so konstruieren, daß die sichtbaren Himmelsbewegungen sich als nur dem Auge irregulär wirkende Erscheinungen darboten, tatsächlich aber als in vollkommenen, regulären Bewegungen gedacht werden konnten.[45]

Husserl verstand aber unter Rettung der Phänomene fast das genaue Gegenteil. Er bezog den Ausdruck Phänomen weniger auf die Erscheinungen des gestirnten Himmels über ihm, als vielmehr auf die sichtbaren Dinge der näheren Umgebung um ihn. So versuchte er die Phänomene nicht mit Hilfe mathematischer Konstruktionen zu retten, sondern umgekehrt vor mathematischen Konstruktionen zu schützen, während die Naturwissenschaften längst dazu übergegangen waren, die sichtbare Welt in unanschauliche Formeln zu verwandeln und darin aufzulösen. Dagegen betonte Husserl, daß die physikalische Natur »kein dem sinnlich-leibhaft Erscheinenden Fremdes« (Id I, 99) ist, sondern daß »das Ding ..., das der Physiker erforscht und wissenschaftlich bestimmt« (ebd.), stets das unserer Wahrnehmung ist. So geht die naturwissenschaftliche Forschung nicht nur von der Wahrnehmungswelt aus, sie bleibt auch auf diese rückbezogen, wobei Husserl die vor- und außerwissenschaftliche Wahrnehmungswelt sogar der unanschaulichen Formelwelt, wie offen oder verdeckt auch immer, überordnete.

3.3 Halt suchende Blicke

Husserls Philosophie ist nicht nur überwältigend reich an Ideen, sondern auch nie voreilig in ihren Behauptungen. Willkür und Laune haben darin ebensowenig Platz wie in seinem Leben, das er stets strikter Disziplin unterwarf. Seine Sprache ist schlicht, nie prangend oder pompös, leider aber auch nicht packend. Sie geht schwer ins Ohr, noch schwerer ins Gedächtnis, und von seelischen Kämpfen verrät sie nichts. In den stillen Räumen des absoluten Ich schweigen die Sorgen, die den Menschen Husserl so stark bewegten, ihn ein solches Ich überhaupt erst suchen ließen. Im Hauptteil der Ideen I legt er nur einige Wesensstrukturen des absoluten Ich dar, die zusammen eine Wahrnehmungswelt aufbauen. Die wesentlichste Eigenschaft des absoluten Ich erblickte er jedoch wieder in der Intentionalität, denn sie bezeichnet die allgemeine Korrelation zwischen Bewußtsein und Ding. Daher ist es unmöglich, von Wahrnehmung, Erinnerung, Phantasie zu sprechen oder auch intentionales Erleben, cogitatio, Noesis zu erwähnen, ohne Wahrgenommenes, Erinnertes, Phantasiertes wie auch Phänomen, cogitatum oder Noema genannt, als Moment des jeweiligen Bewußtseinszustandes mitzudenken. Aber auch von einem Ding als etwas, das außerhalb des Bewußtseins und unabhängig von ihm in irgendeiner Weise existiert, kann man nach Husserl nicht sprechen.

Die Untersuchung des wahrnehmenden Bewußtseins nannte Husserl reelle Analyse, die des darin Wahrgenommenen intentionale Analyse. In der reellen Analyse reflektiert er über die das sinnliche Erleben, Noesen, bildenden Aufbaumomente, die dadurch selbst zum Erlebten, Noema, werden. Jene Aufbaumomente sind formloser Stoff, auch sensuelle Hylé genannt, und die intentionale Morphé ist deren Form. Sie bilden zusammen eine Wahrnehmung, Noesis, wobei sensuelle Hylé weiter nichts als sinnliche, sei es farbliche oder klangliche Empfindung bedeutet, die das Material möglicher Formung oder Sinngebung darstellt. Noesis bedeutet demnach die sinngebende Aufnahme bloßer Empfindungen. Indem diesen ein Sinn eingehaucht wird, entsteht das Bewußtsein von etwas als etwas, der Ton C als solcher, die als rot erlebte Farbe Rot. Das so hervorgebrachte Erfahrungsobjekt ist das Noema oder Phänomen, das es nicht unabhängig vom es konstituierenden Bewußtsein gibt.

Husserl beschreibt es als ein dem Bewußtsein Immanentes, soweit es durch dieses hervorgebracht wird und in dessen Sphäre hineinfällt. Es ist zugleich ein dem Bewußtsein Transzendentes, soweit es nicht das Bewußtsein selbst ist, sondern nur das Bewußte. Es ist also eine Transzendenz in der Immanenz des Bewußtseins, ein in das Feld des Subjekts eingebettetes Objekt. Bei ihm liest sich das so: »Innerhalb der Immanenz bedeutet transzendent irreell sein, als Nichtreelles bewußt sein.« (Id I, 213) Diese Formulierung darf den Leser nicht erschrecken, er will ihn doch nur darauf aufmerksam machen, daß das Wahrgenommene nicht mit der Wahrnehmung zusammenfällt, sondern beides voneinander verschieden bleibt. Insbesondere hier wird Husserls idealistischer Standpunkt deutlich, dem zufolge es keine Welt ohne Selbst gibt: »Realität und Welt sind Titel für gewisse Sinneseinheiten des sinngebenden absoluten reinen Bewußtseins.« (Id I, 107)

An die reelle Analyse schließt sich die intentionale Analyse an, die sich hauptsächlich auf die Gegenstände möglicher Wahrnehmung, Noemata, bezieht. Solche sind beispielsweise Steine, die sich einem nie ganz zeigen, sondern immer nur seitenmäßig, raumzeitlich situiert, perspektivisch. (Vgl. Id I, 267 f.) Dann sind noematische Gegenstände aber auch Träger von Eigenschaften, Subjekte möglicher Prädikate; Steine etwa sind grau und hart. (Vgl. Id I, 271) Drittens gehört zu jedem noematischen Gegenstand, sofern er wahrnehmbar ist, ein Hintergrund, eine Umgebung, ein ins Unermeßliche erweiterbarer Außenhorizont, der Raum, in dem Steine liegen, das Haus, die Stadt, das Land, die Erde, das Weltall, in welchem sie vorkommen. (Vgl. Id I, 169, 231) Schließlich gehört zum noematischen Gegenstand auch ein unendlicher Innenhorizont. Man kann immer tiefer in das Verständnis von Steinen eindringen, ohne sie jemals ganz erfaßt zu haben.

Leibhaftig sind die Dinge dem absoluten Ich in der Wahrnehmung als dem Urmodus der Anschauung gegeben, andere Formen sind bekanntlich Erinnerung, Phantasie, Erwartung. Davon werden verschiedene Geltungsweisen unterschieden, wonach das Angeschaute möglich, wahrscheinlich, fraglich, zweifelhaft oder gewiß sein kann. Außerdem kann es wertmäßig geordnet werden, Steine können gefallen oder mißfallen, schön oder häßlich erscheinen, wie es schon in den *Logischen Untersuchungen* hieß.

Nach alledem ist man geneigt zu sagen, alle diese Wesensbeschreibungen sind sicherlich unbestreitbar, aber auch unbestreitbar trivial. Man weiß wieder nicht so recht, warum Husserl sie überhaupt anführt, anstatt den Garten zu bestellen; und man versteht noch viel weniger seinen existenziellen Einsatz dabei: »wenn ich nicht fruchtbar arbeiten kann, ... bin ich in übelster Situation.« (B III, 340) Wozu aber alle diese Mühe, wenn am Ende doch nur wieder Selbstverständlichkeiten herauskommen. Jedoch ist wirklich alles so selbstverständlich, wie es auf den ersten Blick aussieht? Husserl ließ immerhin die Welt des alltäglichen und naturwissenschaftlichen Blickwinkels untergehen, um sie dann als Wahrnehmungs- und Dingzusammenhang wieder auferstehen zu lassen. Dabei verlor sie bemerkenswerterweise ihr Ansichsein, und der Mensch gewann naturunabhängige Absolutheit. Das ist nicht wenig, würde jedoch alle diese Anstrengungen nicht lohnen, wenn es da nicht etwas gäbe, das über bloße Erkenntnistheorie hinauswiese.

Husserls Bevorzugung der außerwissenschaftlichen Betrachtung der Wahrnehmungs- und Dingwelt als eigentlicher, maßgeblicher Wirklichkeit sowie seine Einführung des absoluten Ich können durchaus als Versuche gesehen werden, das Ungeheure einer vernunftlosen, sinnleeren Wirklichkeit, für die der gefürchtete Relativismus und der Naturalismus stehen, auf Abstand zu bringen. Jener droht bekanntlich alles in verworrene Beliebigkeit versinken zu lassen, dieser setzt uns dem eisigen Schweigen einer gleichgültigen Formelwelt aus. Aber die Welt sollte uns eben nicht sinnlos scheinen, gleichgültig sein, sondern vielmehr einen vernünftigen, sinnvollen Ordnungszusammenhang aufweisen. Dabei werden Vernunft und Sinnhaftigkeit von Husserl mit Anschaubarkeit, Letztbegründbarkeit und Wohlgeordnetheit gleichgesetzt. Auf diese Art und Weise entmachtete er den Absolutismus des vernunft- und bedeutungslosen Weltalls durch den Absolutismus einer sinn- und ordnungsstiftenden Subjektivität, die sich mit ihren Augen so an die nächsten Dinge klammert wie ein vom Sturz bedrohter Bergsteiger an einen vorspringenden Fels. Wie Hände und Füße diesem einen Halt geben, fand Husserl einen solchen mit seinen Augen, dagegen findet der Gottes Wort vernehmende Gläubige ihn mit seinen Ohren.

Nun hat Husserl in den Ideen I die Welt zwar als sinnhaft aufgebauten Ding- und Wahrnehmungszusammenhang beschrieben, aber erst andeutungsweise als Ordnungszusammenhang. Überhaupt klagt er immer wieder darüber, daß seine Ausführungen »in Vielem unvollkommen gereift, in Manchem unklar, zudem auch nur Bruchstück sind.« (B III, 415) Hinzu kam 1913 eine allgemeine Erschöpfung: »In Reaktion gegen die Produktivität des letzten Jahres, geht mir alle Arbeit schwer von der Hand und ich muß mich peinlich abmühen ... Es liegt mir schwer auf der Seele, daß ich infolge dieses ständigen phänomenologischen Regen- und Nebelwetters soviel Zeit versäume.« (B III, 531) Andererseits wurde er selbstbewußter: »Die Phänomenologie ist eine ganz große Wissenschaft, unvergleichlich größer als es meine bisherigen Schriften erscheinen lassen, und durch sie werden erst alle philosophischen Probleme auf ihre letzten Urquellen beziehbar und erfordern dann eine neue Formulierung. Hoffentlich versagen meine Kräfte nicht zu früh.« (B III, 415) Dann brach der Erste Weltkrieg aus, und es begannen Jahre, in denen es Husserl fehlte »an der geistigen Frische, aber auch an der Seelenruhe, an der Möglichkeit, (s)ich ganz frei und ausschließlich der Verarbeitung der entworfenen Gedanken und Theorien hinzugeben.« (Ebd.) Abstand von der Welt, phänomenologische Reduktion also, schien nicht mehr ohne weiteres möglich zu sein. Schrieb er noch 1908: »Doch ganz lebe ich in meiner Innen- und Traumwelt« (B IX, 41), so völlig anders 1914: »Ich bin leider zu nichts mehr nütze; auch nicht zum Philosophieren, wozu ich eine innere Stille u. Sammlung brauche, die die jetzigen Lebensverhältnisse nicht ermöglichen.« (B II, 71)

1916 wurde dann ein Schicksalsjahr in zweifacher Hinsicht: durch seine Berufung nach Freiburg und den Soldatentod des jüngsten Sohnes Wolfgang: »Der Verlust dieses Kindes traf unsere ganze Familie sehr schwer. Er war der erklärte Liebling aller: ein frischer, heiterer, warmherziger, durchaus auf das Gute gerichteter Junge.« (B V, 122) Jetzt benötigte Husserl selbst den Trost, den er anderen in entsprechenden Situationen spendete: »Die sterben eigentlich nicht, die wir liebend verehrt; sie sterben und thun nicht mehr, sprechen nicht mehr zu uns, fordern nichts von uns, und doch, ihrer gedenkend fühlen wir sie uns gegenüber, uns in die Seelen blickend, mit uns fühlend, uns verstehend, billigend oder mißbilligend.« (B III, 339) Trotz alledem verlor Husserl aber nicht das Vertrauen auf die Ordnung der Welt; Näheres führte er dazu in den unveröffentlicht gebliebenen, erst im Nachlaß herausgegebenen Ideen II aus.

Auch sie lassen keinen Zweifel daran aufkommen, daß die Welt eigentlich nur relatives Sein hat, nur Noema, Phänomenon, eine Transzendenz in der Immanenz des absoluten Ich ist. Sie zeigt sich als »ein Feld durchgängiger Relativitäten und kann es sein, weil dieselben immer doch relativ zu einem Absoluten sind, das somit alle Relativitäten trägt.« (Hua IV, 297) Diese in die »Absolutheit des Geistes« (ebd.) eingebettete Welt besteht aus Natur, Seele, Geist, welche zusammen einen Schichtenbau bilden, in dem sich das eine nicht durch das andere erklären oder gar darauf zurückführen läßt. Mit viel Schwung und systematischer Strenge entwickelte Husserl die »Idee der Natur überhaupt« (Hua IV, 1), worunter »das gesamte räumlich-zeitliche Weltall, der Gesamtbereich möglicher Erfahrung« (ebd.) fällt. Dieses »All der realen Sachen« (Hua IV, 27) beschrieb er als Kausalzusammenhang sichtbarer Dinge und blieb damit in einer abendländischen Tradition, in welcher das Ding Prototyp der Wirklichkeit ist.

Wie wenig sich das aber von selbst versteht, machen die vielfältigen Angriffe Andersdenkender auf das Dingschema wie auch auf die Vorstellung der Welt als Kausalzusammenhang deutlich. Gegen ersteres wandten sich Nietzsche und später Whitehead, nach denen die Natur keine vernetzte Sammlung materieller Körper ist, sondern ein Zusammenhang sich wechselseitig beeinflussender Ereignisse. Gegen die Vorstellung von Natur als Kausalzusammenhang richten sich vor allem die heutigen Naturwissenschaftler. Bei näherem Hinsehen zeigt sich, daß Husserls Naturverständnis stark dem neuzeitlichen Rationalismus und der mechanistischen Physik verbunden ist, denen zufolge die wesentlichsten Eigenschaften der Natur, die einen Kausalzusammenhang mit statischer Ordnung darstellt, Ausdehnung und Bewegung sind. Im Gegensatz dazu betonen die Wissenschaftler unserer Zeit mehr Wandel und Zufall, Veränderung und Unordnung, Unbestimmtheit und Ineinanderwirken von Materie, Bewegung und Kraft.

Husserl stellte die »beseelte, im echten Sinn lebendige, animalische Natur« (Hua IV, 27) über die materielle. Auf das Phänomen des Organismus, auf Pflanzen- und Tierwelt, ging er aber kaum ein; umso ausführlicher behandelte er den menschlichen Körper als beseelte Form, Träger von Empfindungen und Vorstellungen, Orientierungszentrum im Raum, Willens- und Handlungsorgan, sowie die körperlichen Ausdrucksformen Gestik, Mimik, Sprache. Außerdem zeigte er, wie sich oberhalb der ursprünglich konstituierten Natur andere Sinnesräume bilden, wie materielle Dinge auch Kulturobjekte oder Gebrauchsgegenstände werden können.

Daraus folgen vielfache Übereinstimmungen mit Max Schelers, Helmuth Plessners oder Nicolai Hartmanns Philosophie, die über alles Trennende hinweg gleichfalls die Welt in einzelne Räume aufteilten und auch der Körperlichkeit des Menschen besondere Aufmerksamkeit schenkten. Dabei widersprachen auch sie allen naturalistischen Versuchen, das Seelisch-Geistige aus dem bloß Materiellen zu erklären, standen aber ebenso skeptisch Husserls Einbettung und Rückführung der gesamten Wirklichkeit auf die transzendentale Subjektivität gegenüber.

Nach der materiellen und animalischen Natur behandelte er schließlich die »Konstitution der geistigen Welt« (Hua IV, 172) und bewies auch hier, wie sehr er ein Philosoph gegen den Naturalismus war. In dieser Sicht ist der menschliche Geist ein »Naturobjekt innerhalb der Einheit der raumzeitlichen Welt« (Hua IV, 175), »ein Naturfaktum« (Hua IV, 181), »naturhaft Seiendes, ... leiblicher Annex, ... Bestandstück der Natur« (Hua IV, 210). Ganz anders dagegen in der sogenannten personalistischen Einstellung. Hier erfährt er sich als konkretes Subjekt unter anderen, als vorstellende, fühlende, bewertende, strebende, handelnde Persönlichkeit, deren Welt nicht die der Physik, sondern eine des Alltags ist, von Husserl auch »Umwelt« (Hua IV, 190) genannt, Vorläufer des Begriffs Lebenswelt. Die personalistische Sicht ordnete er der naturalistischen über, denn »vorgegeben ist die Welt als Alltagswelt, und innerhalb ihrer erwachsen dem Menschen das theoretische Interesse und die auf die Welt bezogenen Wissenschaften, darunter ... Naturwissenschaft.« (Hua IV, 208) In diesem Zusammenhang gebraucht Husserl den Begriff Naturalismus überraschenderweise zweideutig, einmal ganz allgemein als Wissenschaft von der Natur, dann aber als deren Verabsolutierung. Dabei leugnet er nicht, daß die Naturwissenschaften ihre Berechtigung haben, aber, so lauten die Vorbehaltsklauseln, sie sind weder absolut selbständig noch für alles zuständig. Es dürften ihre Einordnung in die personalistische Einstellung und ihre Abhängigkeit vom transzendentalen Ich nicht übersehen werden; außerdem falle der menschliche Geist ohnehin aus ihrem Zuständigkeitsbereich heraus, da er nichts der Natur Zugehöriges sei. Hierbei merkt man, daß Husserl das geistige Ich der personalistischen Einstellung immer mehr dem absoluten Ich der transzendental-phänomenologischen Einstellung anglich, am Ende waren beide eins geworden.

Hieß es zu Beginn nur vom absoluten Ich, daß es »ohne eine Natur« (Hua IV, 178) existiere, so galt am Schluß das gleiche auch vom menschlichen Geist. Husserl betonte, »daß er absolut ist, irrelativ« (Hua IV, 297) und somit »nie ein Stück der Natur, etwas als Realität in der Natur Enthaltenes ist.« (Hua IV, 288) Wie Descartes[46] vertrat er sogar die Ansicht, »es wäre denkbar, daß es gar keine Leiber gäbe und gar keine Abhängigkeiten des Bewußtseins von materiellen Vorkommnissen in der konstituierten Natur, also auch keine empirische Seele, während doch das absolute Bewußtsein übrig bliebe.« (Hua IV, 294) Schließlich ging er noch einen Schritt weiter. Normalerweise sind wir davon überzeugt, daß die Natur auch dann bestehen wird, wenn wir Menschen einmal nicht mehr sind, daß wir andererseits aber gar nicht existieren könnten, wenn es keine Natur gäbe. Dagegen hob Husserl hervor, »streichen wir alle Geister aus der Welt, so ist keine Natur mehr. Streichen wir aber die Natur..., so bleibt noch immer etwas übrig: der Geist als individueller Geist.« (Hua IV, 297)

Ob nun als leibhaftige Person, naturloser Geist oder als absolutes Ich gesehen, der Mensch war für Husserl immer mehr als nur Naturtatsache. Obwohl an einen Körper gebundenes Bewußtsein, war er niemals nur ohnmächtige Begleiterscheinung eines Körpers, sondern mit ihm eine Persönlichkeit. Als absoluter Geist oder schließlich transzendentales Ich schien er sogar nicht einmal mehr Teil der Welt zu sein, sondern deren außerweltliches Gegenüber.

Ähnlich bedeutete für ihn die Natur auch mehr und anderes als rein materielle, empirische Natur. Sie war für ihn ein auf das absolute Ich bezogenes Sein, ein wohlgeordneter Sinnzusammenhang, übersichtliches Schichtengefüge, ein Ganzes aus hauptsächlich wahrnehmbaren Dingen, die selbst und deren zugrundeliegendes Wesen mit absoluter Gewißheit erkannt werden konnten. So gesehen ist die im transzendentalen Subjekt gebildete Welt ein Vernunftzusammenhang, für dessen Vernünftigkeit seine alles Chaotische ausschließende, anschauliche Übersichtlichkeit und letztbegründbare Wohlgeordnetheit stehen. Ein solcher Vernunftzusammenhang bildet das absolute Gegenteil von Relativismus und Naturalismus.

3.4 Das reine Ich und das sorgenvolle Leben

In ungewohntem Überschwang beschrieb Husserl die transzendentale Phänomenologie als »die geheime Sehnsucht der ganzen neuzeitlichen Philosophie« (Id I, 118). Allerdings nannte er sie in den Ideen I niemals Idealismus; erst im 1930 herausgegebenen Nachwort ist von »transzendental-phänomenologische(m) Idealismus« (Hua V, 152) die Rede. Ein höchste Macht besitzendes transzendentales Subjekt hatte es in den *Logischen Untersuchungen* noch nicht gegeben. Dort ist nur von einem empirischen Bewußtsein die Rede, das Husserl wie Hume als sich selbst vernetzendes Bündel von Erlebnissen vorstellte, denen er jetzt einen identischen Ichpol vorordnete. Alle Erlebnisse, seien es die der natürlichen Sicht oder die der transzendental-phänomenologischen, galten fortan als die eines im Wechsel der Erlebnisse gleichbleibenden Ich.

Insgesamt erweist sich Husserls Vorstellung von der absoluten Subjektivität als mit drei Strömungen der abendländischen Philosophie verwandt. Einmal ist sie mit der von Augustinus bis Kierkegaard gültigen Philosophie der Innerlichkeit verbunden, dann steht sie in der Fluchtlinie des Deutschen Idealismus und schließlich in der Tradition kantischer und neukantianischer Erkenntnislogik.

(1) Husserl war Philosoph, privat wie in seinem Denken. Er führte ein Leben in weltabgewandter Innerlichkeit, sah sich als »ganz vereinsamte(n) Solus-ipse« (B V, 137), der sich »durch unwegsames Gestrüpp Wege« (ebd.) bahnt, als jemanden, den seine Gedanken »wie Krankheiten befallen« (B V, 176) und »zu eigenen, einsamen Wegen« (ebd.) zwingen. So arbeitete er gelegentlich »im hohen Schwarzwald in herrlicher Einsamkeit« (B III, 82), in »jener weltverlorenen Entrücktheit, die zum Wesen ernsten philosophischen Ringens gehört.« (B III, 95) Er lebte die phänomenologische Reduktion selbst vor: »Die Kunst phänomenologischer Einklammerung habe ich gelernt, u. so lebe ich in meiner Celle im-

merfort meditierend.« (B III, 361) Allerdings gelang das nicht stets: »Bei aller willensstarken Einklammerung der Welt, rutscht doch so manches Aufstörende ins Bewußtsein.« (B III, 308) Aber nicht nur sein eigenes philosophisches Leben wurde von weltabgekehrter Innerlichkeit bestimmt, sondern gerade auch seine Philosophie, deren transzendentales Subjekt doch ein Leben in reflektierender Selbstbesinnung braucht. Wie Augustinus mahnte: »Geh' nicht nach draußen, kehr ein bei dir selbst: Im inneren Menschen wohnt die Wahrheit«[47], oder Fichte, der den Philosophierenden auffordert: »Merke auf dich selbst: Kehre deinen Blick von allem, was dich umgibt, ab, und in dein Inneres – ist die erste Forderung, welche die Philosophie an Ihren Lehrling thut«[48], oder Kierkegaard, der eindringlich feststellt: »Innerlichkeit interessiert die Welt nicht«[49], so rät auch Husserl zur Abwendung von der Welt und zur Hinwendung zum eigenen Inneren.

In der abendländischen Philosophie ging mit dem Aufruf zur Einkehr in sich selbst häufig eine Verurteilung der Welt als Stätte der Finsternis, Unsicherheit und Versuchung einher. Das tiefe Hineinblicken in sich selbst wurde als Erhebung zu Gott interpretiert. Wenn auch Husserl die Welt des natürlichen und naturwissenschaftlichen Lebens nicht als Finsternis und Versuchung darstellte, so erblickte er in ihr doch Halt- und Vernunftlosigkeit und rief deshalb zur Abkehr von der ›Welt da draußen‹ auf, um sie dann in der ›Welt hier drinnen‹ als absolut begründeten Sinnzusammenhang wieder auferstehen zu lassen. In der theologischen Tradition heißt es, daß man die Welt verlieren muß, um sich selbst und Gott zu finden. Auf Husserls Philosophie übertragen bedeutet dies, daß man die in natürlicher und naturwissenschaftlicher Erfahrung erkannte Welt preiszugeben hat, um sie dann als vernünftigen und sinnhaften Ordnungszusammenhang in der weltlosen, aber weltbildenden Innerlichkeit wieder zu gewinnen.

(2) Damit rückt Husserl auch in die Nachbarschaft des

Deutschen Idealismus. Sein absolutes Ich ist nicht nur reflektierende Innerlichkeit, sondern gleichfalls Inbegriff der Vernunft, die mal die Weltordnung selbst, mal die sie hervorbringende Macht bezeichnet. Auch für die spekulativen Systemphilosophen – Fichte, Schelling, Hegel – war die Welt ein vernünftiger Ordnungszusammenhang. Im Unterschied zu Husserl aber, der diesen in anschaulichen Beschreibungen darstellte, ließen jene ihn allerdings aus dialektischen oder deduktiven Ableitungen hervorgehen. Außerdem erhoben sie, anders als Husserl, den absoluten Geist in den Rang eines Weltschöpfers. Husserl verstand dagegen das absolute Subjekt nur als Geltungs- und Konstitutionsgrund von Erkenntnis überhaupt. Jedoch fehlt es bei ihm keineswegs an Formulierungen, die den Anschein erwecken, als sei das absolute Ich ebenfalls Urheber der Welt. Völlig verschieden ist dagegen die Einschätzung des absoluten Subjekts selbst. Während es für die Deutschen Idealisten nur einen absoluten Geist gibt, an dem wir alle irgendwie teilhaben, tritt das absolute Ego Husserls in der Mehrzahl auf, sofern jeder in seinem Inneren ein solches ist. Allerdings bestreitet er nicht, daß Vernunft, welche dieses Namens wert ist, immer nur eine sein kann. Davon abgesehen, stimmen alle idealistischen Philosophen in der Vorstellung der Welt als eines sinnhaft aufgebauten Ordnungszusammenhangs überein, der sich vor allem aus wahrnehmbaren Dingen unseres jeweiligen Nahhorizontes zusammensetzt. Darin spielen allerdings weder das unermeßliche Weltall noch unanschauliche Formeln eine wesentliche Rolle. Die Vernünftigkeit des Sinnzusammenhangs zeigt sich, wie bereits erwähnt, in dessen klarer Übersichtlichkeit, durchgehend gegliederter Ordnung und in deren Rückführbarkeit auf ein letztbegründendes Absolutes.

(3) Husserls transzendentales Ich ist auch dem absoluten Denken der neukantianischen Erkenntnislogik verwandt, das gleichfalls als Konstitutions- und Geltungsquelle alles erdenklichen Sinns und Seins gilt. Wie Hermann Cohen und

Paul Natorp unterschied er zwischen schon und noch nicht Erkanntem, aber grundsätzlich Erkennbarem. Erst Nicolai Hartmann sprach in der Folge auch von Unerkennbarem, das es für Husserl und die Neukantianer nicht geben konnte, weil sie nichts außerhalb der Ordnung kannten, die das transzendentale Ich oder das absolute Denken setzte; alles, selbst noch das Unbekannte, brachten sie darin unter. Außerdem unterschieden Husserl und die Marburger Neukantianer zwischen dem psychophysischen Menschen und einem Absoluten, das aber weder hier noch dort als transzendenter Urheber der Welt vorgestellt wurde, sondern nur als transzendentaler Geltungsgrund der Erkenntnis der Welt. Doch zeigen sich in dieser Frage auch gravierende Differenzen: Während in der neukantianischen Erkenntnistheorie Cohens und Natorps das absolute Denken und der konkrete Mensch sich weitgehend unverbunden gegenüberstehen und damit äußerlich getrennt bleiben, sind sie bei Husserl aufs engste miteinander verflochten, insofern jeder von uns in seinem Inneren absolutes Subjekt ist. Hinzu kommt, daß das absolute Denken der Neukantianer, das es wie den absoluten Geist der Deutschen Idealisten nur in der Einzahl gibt, eine reine Geltungsgröße ist. Als Inbegriff der Prinzipien gültiger Erkenntnis existiert es nicht wirklich ganz im Gegensatz zu Husserls absolutem Ich, das es so häufig gibt, wie Menschen auf der Erde leben. Weiter fällt auf, daß die Marburger Neukantianer lediglich das Denken als Geltungsquelle wahrer Erkenntnis zuließen, der Phänomenologe Husserl jedoch nur die Anschauung. Dagegen hatte Kant Erkenntnis als Zusammenspiel von beidem, Anschauung und Denken, beschrieben. Treffend charakterisiert Nicolai Hartmann deshalb den neukantianischen Idealismus als »logischen Intellektualismus«[50], Husserls Philosophie als »phänomenologischen Intuitionismus«[51]. Diese Unterschiede können aber nicht über das gemeinsame Ziel der Letztbegründung der Erkenntnis von Mensch und Welt auf idealistische Weise hinwegtäuschen.

Bemerkenswert bleibt, daß Husserls absolute Subjektivität ein dreideutiger Begriff ist, der einerseits zur Philosophie der Innerlichkeit gehört, andererseits vernunftmetaphysische Eigenschaften besitzt und schließlich auch erkenntnistheoretische Funktion ausübt. Transzendentale Phänomenologie war also mehr als nur Erkenntnistheorie: »Ich reduziere keineswegs die Philosophie auf Erkenntnistheorie und Vernunftkritik.« (B VI, 205) Husserls eigentliches, wenn auch unausgesprochenes Ziel blieb bei alledem eine religiös inspirierte Metaphysik, welche eben die Welt als Vernunftordnung und den Menschen als Vernunftwesen voraussetze. »Also auch ich will eine Metaphysik, und eine im ernstesten Sinne wissenschaftliche, nur daß ich, um die Grenzen strenger Wissenschaft innezuhalten, mich noch in meinen Publikationen bescheide« (B VI, 206), schrieb er 1914. Jedoch sah er sich mit zunehmendem Alter stärker zu dieser Aufgabe herausgefordert: »Je älter ich werde, desto mehr zieht es mich, mich in die Glaubensfragen zu vertiefen und dann über sie in reiner Kontemplation wissenschaftlich zu denken.« (B III, 419) Die angekündigte Metaphysik ist jedoch ausgeblieben, statt ihrer traten, ja, brachen das transzendentale Subjekt, das Husserl in seinem Inneren entdeckte, und der Mensch Husserl immer weiter auseinander. Der bedürfnislosen Selbstgenügsamkeit des absoluten Ich stand ein immer hilfloser werdender Mensch gegenüber, der an der schwer zu tragenden Last seines Lebens litt und sich nach der religiösen Dimension sehnte: »das Leben ist überhaupt hart u. ich sehne mich sehr nach der Ruhe, die den natürlichen Abschluß dieses irdischen Daseins bilden muß. Ich fühle mich freilich noch nicht genug religiös vorbereitet u. das Ende meines philosophischen Lebens sehnt sich nach dem letzten religionsphilosophischen Abschluß« (B IX, 93), notierte er 1917. Aber auch ohne diesen lebte Husserl bereits in religiöser Gewißheit; transzendentale Phänomenologie hin, wissenschaftliche Metaphysik her: »Können wir diese greuelvolle reale Welt als wirkliche Welt hinnehmen? Ach, müde, lebensmüde bin ich selbst ja auch reichlich, aber was mich hält, nie verläßt und verlassen kann, ist jene gewisse Zuversicht, daß was ›man‹ – zweifellos – ›hoffete und das man nicht siehet‹, und das ist in Eins religiöse und philosophische ... Zuversicht, mit der ich mich selig hinübersehnen kann ins bessere Jenseits.« (B IX, 138)

4. Letzte Philosophie – und doch erst vorletzte Philosophie

Husserl litt häufig an den erbärmlichen Verhältnissen seiner Zeit und fragte sich, wie »das Leben auf dieser trüben Erde, in diesem Zeitalter einer beispiellosen menschlichen Erniedrigung« (B V, 165) überhaupt zu ertragen sei. Seine Antwort hieß Philosophie: »Mit der Kraft der Verzweiflung klammerte ich mich an meine Lebensarbeit, suchte ich in der Ideenwelt Zuflucht u. mühte mich die grauenhafte Erdenwelt nicht zu sehen, die Ohren gegen sie zu verstopfen.« (B IX, 56) Anderen Trost fand er in kleinen Alltagsfreuden, wozu der Genuß von Zigarren gehörte, »excellenten Havanna« (B II, 65), die sein Schüler Daubert in München besorgte, der ihn 1923 auch mit einem besonderen Weihnachtsgeschenk überraschte. »Ihr Truthahn ist in unserem Hause mit einem wahren Jubel begrüßt und bestaunt worden, ist seit einigen Tagen das unerschöpfliche Thema weiser hausfraulicher Überlegungen ..., in die ich mitten in meiner Arbeit eingeweiht werde.« (B II, 79) Jedoch kämpfte er am meisten gegen die »schwer lastende Lebensstimmung ... von innen her durch angespannteste Arbeit« (B II, 79), die, wie jene »verzweifelten Mühen um wissenschaftliche Klarheit« (B IX, 163), ihn schwer bedrückte. Hinzu kam das ständige Zunehmen der Manuskripte, »die Masse von Entwürfen, die mir über den Kopf gewachsen ist.« (B IX, 63) Dennoch sollten wieder mehr als 15 Jahre vergehen, bis Husserl seine nächsten, größeren Werke der Öffentlichkeit vorlegte. 1922 schrieb er an Natorp, daß »der größte Theil meiner Lebensarbeit noch in meinen Msc. steckt. Fast verwünsche ich meine Unfähigkeit mich zu verendlichen, und daß mir erst so spät, z.Th. erst jetzt die universalen, systematischen Gedanken zutheil wurden... Vielleicht arbeite ich, mit aller menschlich möglichen Anspannung der Kräfte, nur für meinen Nachlaß. Sei's drum, wenn nur der voll gelänge u. nicht zu spät käme.« (B V, 151 f.) Zu den herausragenden Entwürfen dieser Zeit gehören die Vorlesungen aus dem Jahre 1923/24, »Erste Philosophie« genannt.

Diese Bezeichnung stammt von Aristoteles; sie galt ursprünglich jener Disziplin, die später Metaphysik genannt wurde. Husserl verstand darunter transzendentale Phänomenologie, eine »absolut rechtfertigende universale Methodologie« (Hua VII, 13). Systematisch gesehen war sie nicht seine erste, sondern seine vorletzte Philosophie, geschichtlich betrachtet sogar die letzte.

4.1 Suche nach geschichtlichen Ursprüngen

Ursprünglich ging Husserl von naturwissenschaftlichen Studien aus; erst später entwickelte sich in ihm der »Sinn für den Geist der Geschichte«. (B IV, 411) In »Erste Philosophie« befaßte er sich ausführlicher als sonst mit der abendländischen Gedankenentwicklung. Er begann seine Vorlesungen mit der antiken Sophistik, deren Hauptvertreter Protagoras und Gorgias einen weitgehend skeptischen Standpunkt vertraten. »An sich Wahres in jedem Sinn – an sich Seiendes, Schönes, Gutes – hatten sie als trügerischen Wahn hingestellt, durch eindrucksvolle Argumentationen als vermeintlich erwiesen.« (Hua VII, 8) Sie bestritten die Erkennbarkeit der Wahrheit und stürzten so nicht nur die Philosophie ihrer Zeit in eine tiefe Krise, sondern beraubten damit auch das »gesamte handelnde Leben ... seiner festen normativen Ziele.« (Hua VII, 8) Darin glich jene alte Zeit der seinigen, meinte Husserl, in der gleichfalls »eine tief bewegende geistige Not« (Hua VII, 7) herrsche, der die Idee eines Vernunftlebens aus absoluter Rechtfertigung gegenübergestellt werden müsse.

Bemerkenswert ist hieran zweierlei, einmal Husserls Einführung des Vernunftbegriffs auch in das Alltagsleben. Größtmögliche Klarheit, übersichtliche Ordnung und endgültige Rechtfertigung sollten fortan nicht mehr nur das philosophisch-wissenschaftliche Denken, sondern auch das alltäglich-gesellschaftliche Handeln bestimmen. Dabei unterschied er wieder nur zwischen absoluter Gewißheit und relativistischer Beliebigkeit. In der Sprache der Tradition gesagt, gab es für ihn nur entweder klares Wissen, »episteme«, oder vage Meinung, »doxa«, die er aufs heftigste bekämpfte. Deshalb lehnte er auch die Sophisten ab, für die alles Wissen nur trügerischer Schein war. Ob Protagoras, Pyrrhon von Elis oder Arkesilaos, sie waren alle der Auffassung gewesen, daß wir nichts wirklich wissen können und daß eine falsche Vorstellung so viel Überzeugungskraft haben könne wie eine wahre, weshalb es unmöglich sei, die Wahrheit zu ermitteln. Jedoch schwächten sie diesen Standpunkt für den praktischen Gebrauch ab, ohne den skeptischen Weg zu verlassen. So erhob beispielsweise Protagoras die öffentliche Meinung zum Maßstab des Guten und Gerechten. Pyrrhon von Elis empfahl, die Lebensformen der eigenen Kultur zu übernehmen, denn anders als im Bereich des reinen Wissens, in dem wir uns des Urteils durchaus enthalten können, müssen wir im wirklichen Leben tätig werden. Dort stehen wir unter Handlungszwang und Orientierungsdruck, auch wenn es keine festen Zielvorstellungen und keinen klaren Begriff des Guten geben mag. In dieser mißlichen Situation riet Pyrrhon, das Altbewährte einfach fortzuführen.

Gegenüber diesem resignativen Standpunkt betonen Arkesilaos und Aristoteles, daß es auf ethisch-praktischem Gebiet doch immerhin Wohlbegründetheit oder Wahrscheinlichkeit gebe, da die Möglichkeit zu kluger Beratung wie verständiger Argumentation stets offenstehe. Zwar führten diese nur zu Einleuchtendem, mehr oder weniger Überzeugendem, keinesfalls zu definitiven Wahrheiten; sie begnügten sich aber auch nicht mit der bloßen Übernahme des Alten oder subjektiver Willkür.

Dennoch war Husserl das alles viel zu wenig, so sehr richtete er seinen Blick auf die »Idee wahrer und echter Wissenschaft« (Hua VII, 8) und damit auf »endgültige Begründung, Sicherung, Rechtfertigung.« (Ebd. 14) Seine Vorläufer sah er in dem »unvergleichliche(n) Doppelgestirn Sokrates-Platon« (ebd. 8), die beide für ein Leben stehen, »in dem der Mensch in unermüdlicher Selbstbesinnung und radikaler Rechenschaftsabgabe ... letztauswertende Kritik an seinen Lebenszielen und ... seinen Lebenswegen ... übt... Die sokratische Erkenntnismethode ist eine Methode vollkommener Klärung ... durch Rückgang auf vollkommene Klarheit, Einsicht, Evidenz.« (Ebd. 11)

Platon verwandelte diese Methode in eine Wissenschaft, die in eine über jeden Zweifel erhabene Wahrheitssphäre vorstieß und weder auf theoretischem noch auf praktischem Gebiet bei bloßer Meinung stehenblieb. Trotzdem gelang es ihm nicht, »zu den notwendigen Anfängen und Methoden« (ebd. 56) durchzudringen; er »verfiel in die sehr natürliche Selbstverständlichkeit einer vorgegebenen Welt, eben damit jede radikale Erkenntnisbegründung preisgebend.« (Ebd.) Husserl nannte solches Philosophieren »dogmatischen Objektivismus« (ebd. 60), den er »nur als eine Vorstufe echter philosophischer Wissenschaft« (ebd. 56) gelten ließ, in der dann alles Sein auf ein transzendentales Subjekt bezogen wurde. Dieser dogmatische Objektivismus herrschte seiner Ansicht nach »bis zur Neuzeit« (ebd. 60), die für ihn mit Descartes begann.

Der war wie Platon ein wichtiger Markstein in der Geschichte der Philosophie, verfehlte aber Husserls Meinung nach wie jener deren eigentliches Ziel, das transzendentale

Phänomenologie hieß. Allgemein erging es ihm »wie Columbus, der den neuen Kontinent entdeckte, aber davon nichts wußte und bloß einen neuen Seeweg nach dem alten Indien entdeckt zu haben meinte.« (Ebd. 64) Bereits hier führt Husserl aus, was er Jahre später als *Cartesianische Meditationen* veröffentlichte und anschließend in *Die Krisis der europäischen Wissenschaften und die Transzendentale Phänomenologie* einfließen ließ.

Descartes' große Bedeutung sah er darin, daß dieser auf »dem absoluten Grunde reiner Selbsterkenntnis und vermöge eines im Rahmen dieser Selbsterkenntnis in absoluter Selbstrechtfertigung vollzogenen Denkprozesses« (Hua VII, 62) nach den unerschütterbaren Grundlagen alles Wissens suchte. Diese konnten seiner Meinung nach nur sichtbar werden, wenn man alle bisherigen Erkenntnisse in Frage stellte; es sollte an nichts festgehalten werden, dessen Existenz sich grundsätzlich anzweifeln ließe. »Dann verschwindet aber sofort aus unserem Kreis anzuerkennender Geltung das gesamte Weltall« (ebd. 64), denn eines ist allerdings unzweifelhaft, das Zweifeln selbst und damit die eigene Existenz. Bei Descartes übernahm der Zweifel die gleiche Funktion wie bei Husserl die phänomenologische Reduktion, mit deren Hilfe gleichfalls alles auch nur im geringsten Unsichere ausgeschaltet werden sollte, damit er zu letzten Gewißheiten und festen Fundamenten gelangen konnte, wie Descartes sie im »ich denke, also bin ich« fand. Dieser »Wendung zum ego cogito als dem apodiktisch gewissen und letzten Urteilsboden, auf den jede radikale Philosophie zu begründen ist« (CM 20), wie es später in den *Cartesianischen Meditationen* heißt, schenkte Husserl größte Beachtung. Von hier aus hatte Descartes versucht, die Existenz Gottes, des Garanten für die Wahrheit all unserer Erkenntnisse, sowie die Existenz der realen Welt zu beweisen. Er argumentierte so: Gott ist das einzige vollkommene, unendliche Wesen, von dem wir wissen. Dieses Wissen kann jedoch nicht von uns selbst stammen, da wir nur unvollkommen, endlich sind. Deshalb muß diese Vorstellung eines vollkommenen, unendlichen Wesens uns von einem solchen selbst eingegeben worden sein. Dessen Existenz wäre damit bewiesen und zugleich die absolute Geltungsquelle allen Wissens gefunden. Wo immer etwas klar und deutlich erkannt wird, sei man berechtigt, es für wahr zu halten, weil ausgeschlossen werden müsse, daß Gott, der Welt und Mensch erschuf, diesen mit einem Erkenntnisapparat ausstattete, der nur in die Irre führt. Das widerspräche seiner Vollkommenheit.

So sehr Husserl Descartes verehrte als Vorbild seines eigenen Denkens, er stimmte nicht in allen Fragen mit ihm überein, denn Cartesius sei »vor der von ihm eröffneten Pforte der transzendentalen Philosophie, der allein wahrhaft radikalen Philosophie, stehen geblieben.« (Hua VII, 73) Er habe nicht gründlich genug gezweifelt und daher die angestrebte Vorurteilslosigkeit noch nicht erreicht. In den *Cartesianischen Meditationen* spricht Husserl sogar vom »Verfehlen der transzendentalen Wendung.« (CM 20) Descartes' Ansicht von Gott als Garant für die Wahrheit all unserer Erkenntnisse zeige, wie sehr er noch Kind seiner Zeit war, wenn nicht sogar der mittelalterlichen Scholastik. Andererseits benötige Descartes' nach Wahrheit strebendes Ich eine solche Garantieinstanz wie Gott, weil es selbst nicht absolut sei, sondern nur »ein Stückchen der objektiven Welt« (Hua VII, 73), von zufälligen Naturgesetzen abhängig und damit zu keinen endgültigen Erkenntnissen fähig. Später wiederholte Husserl dieses Urteil verschiedentlich. Er nannte Descartes' Ich in *Formale und transzendentale Logik* auch »seiendes Endchen der Welt« (FtL 202), in den *Cartesianischen Meditationen* »kleines Endchen der Welt« (CM 25), dem er, wie in seinem Alterswerk *Die Krisis der europäischen Wissenschaften und die transzendentale Phänomenologie,* das absolute Ego gegenüberstellte, das eben »kein Stück der Welt« (ebd. 27) sei.

Er widersprach auch Descartes' Weltauffassung, stieß sich an dessen erkenntnistheoretischem Realismus und nahm an seiner Verabsolutierung der mathematischen Naturwissenschaften Anstoß. Dadurch sei Descartes nicht nur Wegbereiter des transzendentalen Subjektivismus gewesen, sondern ebenso Schrittmacher des naturwissenschaftlichen Objektivismus. Wenn das Ich zur Welt gehört und diese naturwissenschaftlich erklärbar ist, so liegt nichts näher, als auch dieses naturwissenschaftlich zu erforschen. Tatsächlich führte schon im 17. Jahrhundert Locke eine »Naturalisierung des Bewußtseins« (Hua VII, 96) durch und gab dabei nach Husserl »das Große und Bedeutsame« (ebd. 79) des Cartesianischen Zweifels dadurch preis, daß er unkritisch »die Geltung der neuen objektiven Wissenschaften ... und ... das Dasein der erfahrenen Welt« (ebd.) voraussetzte. Dem bereits 50 Jahre vor Locke geborenen Hobbes wiederum galten die Naturwissenschaften sogar »so sehr als der Prototyp wahrer und philosophisch letztmöglicher Wissenschaft, daß er nicht nur der materiellen Natur absolutes Sein (beimaß), sondern auch umgekehrt alles absolute Sein, auch das innerlich erfahrene seelische Sein, auf Natur reduziert(e).« (Ebd. 94) Im 18. Jahrhundert versachlichte Hume das Bewußtsein, »als wäre es etwas wie eine Natur« (ebd. 170); er war im Grunde »naturalistisch« (ebd. 105) eingestellt.

Diese geschichtlichen Betrachtungen, die Husserl in seinem Alterswerk, der sogenannten Krisisschrift, wiederholt, lassen erkennen, daß seine Gegner weiterhin auf der einen Seite Relativismus und Skeptizismus hießen, auf der anderen Seite Naturalismus und Objektivismus. Ihnen allen gegenüber verteidigte er die transzendentale Phänomenologie als – geschichtlich gesehen – vorerst letzte Philosophie, die, mit universellem Anspruch auftretend, Anfang und Ende einer grundlegenden Ansicht von allem wahrhaft Wirklichen und Wissenswerten sein sollte. Dabei setzte Husserl an die Stelle eines Absolutismus der vernunftlosen Welt den Absolutismus eines vernünftigen Ich in der Hoffnung, daß es »uns theoretisch von der Verabsolutierung dieser Welt erlöse und uns die einzig mögliche wissenschaftliche Eingangspforte eröffne in die im höheren Sinn allein wahre Welt, die Welt des absoluten Geistes« (ebd. 283), wie er als typischer Vertreter der abendländischen Philosophie der Innerlichkeit schrieb.

4.2 Wege zur verlorenen Metaphysik

Bei jeder Gelegenheit betonte Husserl: »Nichts, das nicht absolut gerechtfertigt worden ist, soll gelten.« (Hua VIII, 6) Deshalb ging er immer wieder auf die »transzendentale Subjektivität als das Ursprungsfeld aller Vernunft« (ebd. 28) ein, um von diesem »archimedischen Punkt« (ebd. 69) aus »alle Wahrheit ... als absolute, absolut gerechtfertigte« (ebd. 169) zu erweisen. Nur was unwidersprechlich da ist, »selbst vor Augen steht« (ebd. 32), wird vom transzendentalen Subjekt als wahr anerkannt. Diese fast alle Vorlesungen seit 1910 prägenden Grundgedanken behielt Husserl bis zuletzt bei.

Neu war in der »Ersten Philosophie«, daß er die Welt als »kontingentes Faktum« (ebd. 55) darstellte und wie folgt erläuterte: »Jedes Faktum, und so auch das Weltfaktum, ist als Faktum, wie allgemein zugestanden, kontingent; darin liegt: wenn es überhaupt ist, es könnte doch anders sein und vielleicht auch nicht sein.« (Ebd. 50) Mit der philosophischen Tradition übereinstimmend, verstand Husserl also unter Kontingenz auch das Nicht- oder Andersseinkönnen, einen Zustand, den ursprünglich Aristoteles beschrieb, wenn auch für diesen wie für alle alten Griechen die Vorstellung völlig fremd war, daß die Welt gar nicht oder im ganzen anders sein könnte; sie galt als ewig bestehender, selbstgenügsamer Ordnungszusammenhang.

Die Idee der Kontingenz der Welt ist christlich-mittelalterlicher Herkunft, als die Welt noch das Schöpfungswerk eines göttlichen Willens genannt wurde, der sie nicht erschaffen mußte, weshalb von ihr gesagt werden konnte, daß es sie gar nicht zu geben brauchte. So ist die Rede von der Kontingenz der Welt ursprünglich Ausdruck für das Erschaffensein des Ganzen durch Gottes freies Tun. Die Welt mußte nicht existieren, weil Gott über die Möglichkeit verfügte, ihre Hervorbringung auch zu unterlassen. In der Moderne ist der Ausdruck Kontingenz jedoch vorwiegend in das Gegenteil dessen umgeschlagen, was er ehemals bedeutete. Heute heißt es oft, daß die Welt anders sein könnte und nicht zu sein brauchte, weil sie niemand so erschaffen habe, es also nicht den geringsten Grund für ihr Bestehen gebe. Einmal drückt Kontingenz der Welt also deren Abhängigkeit von Gott aus, ein andermal das genaue Gegenteil davon.

Husserl wollte dieses Wort aber weder so noch so verstanden wissen, sondern nur erkenntnistheoretisch. Bei ihm gehörte es mit zur Suche nach den letzten Grundlagen von Erkenntnis überhaupt, die ihn dazu zwang, alles Vage und nur im geringsten Zweifelhafte auszuklammern. Das betrifft, erkenntnistheoretisch gesehen, auch die Existenz der Welt, denn es kann grundsätzlich nicht ausgeschlossen werden, »daß diese leibhaft wahrgenommene Welt ein bloßer Schein sein könnte.« (Ebd. 53) Die Welt brauche nicht zu existieren und könnte ganz anders sein, besagt also, wir könnten uns darin irren, daß es die Welt wirklich gibt, und sie so beschaffen ist, wie wir glauben. Husserl bezog den Satz von der Kontingenz der Welt nur auf unsere Vorstellung von ihr, nicht aber auf sie selbst; das nannte er »Erkenntniskontingenz« (ebd., 51).

Sein Ziel aber war deren Überwindung, Wissenschaft aus absoluter Rechtfertigung und damit Erkenntnisnotwendigkeit. Der Weg dorthin führte über die Einklammerung der in der natürlichen Einstellung erfahrenen realen Welt. Das macht deutlich, welch untergeordnete Rolle das Faktische, unausdenkbar Vorgegebene, der Existenzbegriff, in seiner Philosophie spielt.

Verschiedentlich wurde darauf hingewiesen, daß Husserl zufolge jeglicher Sinn und alles erdenkliche Sein vom absoluten Ich gesetzt wird. Zwar kann man auch lesen, »der phänomenologische Idealismus leugnet nicht die wirkliche Existenz der realen Welt« (Hua V, 152), aber eigentlich kennt Husserl die Welt nur »als intentionales Sinngebilde der transzendentalen Subjektivität.« (Ebd. 153) Hinzu kommt, daß er sich zu der Existenz der Dinge, wie sie in und durch das transzendentale Subjekt gesetzt werden, weitgehend gleichgültig verhielt. Ihn interessierte nur deren allgemeines Wesen. Transzendentale Phänomenologie war Wesensphilosophie, die, von allen individuellen Fakten absehend, ihren Blick auf die ihnen zugrunde liegenden Wesenheiten, Ideen oder reinen Begriffe lenkte. Diese bildeten ein »Reich reiner Möglichkeiten« (Hua VII, 140), das nur insofern etwas mit faktischer Wirklichkeit zu tun hat, als es deren allgemeine Wesenszüge beschreibt. Als Wesenswissenschaft legt die »Erste Philosophie« nicht fest, daß die Welt existiert, sondern nur, welche unverbrüchliche Ordnung sie hätte, falls sie existierte.

Das erinnert an Schellings Unterscheidung von negativer und positiver Philosophie, in der es von der Vernunft heißt, daß sie zwar festzulegen vermag, welche Dinge in welcher Ordnung bestehen können, daß sie aber unfähig ist, diese in Existenz zu setzen. Allerdings sei die Vernunft nicht ohne jeden Bezug zur Wirklichkeit, da sie weiß, »was existieren werde, wenn überhaupt etwas existiert.«[52] Vernunftphilosophie ist nach Schelling »negative Philosophie« und als solche reine Wesens- und Möglichkeitswissenschaft, in der, losgelöst von aller empirischen Erfahrung, nur bestimmt wird, welche Wesensordnung die Welt haben würde, falls sie existierte. Dabei zeigt sich, daß sie in jedem Falle ein wohlgegliederter Sinnzusammenhang, übersichtliches System, festgefügtes Ordnungsgefüge wäre, welches alles Dunkle und Chaotische ausschließen würde.

Es besteht eine grundsätzliche Übereinstimmung zwischen Schelling und Husserl, zwischen negativer Philosophie und transzendentaler Phänomenologie. Beide sind Vernunftwissenschaften, die nur die Möglichkeit und das Wesen der eine umfassende Ordnung darstellenden Welt beschreiben. Jedoch bleiben beide an dieser Stelle nicht stehen: Wie die negative Philosophie zu einer positiven, so drängt die »Erste Philosophie« zu einer »zweiten Philosophie« (Hua VII, 14) hin, die Husserl auch »letzte Philosophie« (ebd. 385) nannte. Demnach besitzt die »Erste Philosophie« nur den Rang einer vorletzten Wissenschaft.

Während nach Schelling die negative Philosophie »eine Wissenschaft (ist), die das Wesen der Dinge begreift«[53], ist die positive Philosophie »eine Wissenschaft, welche die wirkliche Existenz der Dinge erklärt.«[54] In ihr wird einerseits darüber entschieden, ob die als möglich vorgestellte Welt tatsächlich existiert, und andererseits die als wirklich nachgewiesene Welt auf einen letzten Urheber zurückgeführt. Ähnlich unterscheidet Husserl zwischen einem »Universum reiner Möglichkeiten« (ebd. 256), das die transzendentale Phänomenologie als »Erste Philosophie« entfaltet, und der »faktische(n) Natur« (ebd. 390), für welche Einzelwissenschaften und Metaphysik – wie Husserl sie definieren wird –, die zweite und letzte Philosophie, zuständig sind. »Die Hauptsache ist die kardinale Scheidung zwischen reiner Philosophie, wir können auch sagen reiner Ideenlehre, und Wirklichkeitsphilosophie als absoluter Wissenschaft von der Wirklichkeit in voll umfassendem Sinn.« (Hua XXVIII, 230) Erstere entspricht Schellings negativer Philosophie, letztere seiner positiven. In jener geht es »immerfort um Ideen, um ideale Möglichkeiten und nicht um faktische Wirklichkeiten« (ebd., 177), in dieser um »Erkenntnis des faktischen Seins«. (Ebd.) Dabei gilt: »Diese Faktizität ist das Feld nicht der Phänomenologie und Logik, sondern das der Metaphysik« (Hua VII, 394), die »nichts anderes ist als Fortführung aller aktuellen Naturwissenschaften und Geisteswissenschaften als ihre Vollendung, Vervollkommnung.« (Hua XXVIII, 182)

Bemerkenswerterweise ging Husserl auf »die Metaphysik

als absolute Wissenschaft der faktischen Wirklichkeit« (ebd.) aber nie näher ein. Das könnte den Eindruck erwecken, als gelte sein Interesse doch mehr den vorletzten als den letzten Dingen, stärker der Wesensordnung der Welt als deren rätselhafter Existenz. Er scheint mit den alten Griechen übereinzustimmen, die, wie man sagt, über den Bereich des Wesenhaft-Notwendigen hinaus weitgehend blind waren, also der Essenz der Dinge weitaus größere Bedeutung beimaßen als deren Existenz, obgleich sie stets zwischen beidem unterschieden. Danach besteht das eigentliche Sein der Welt aus miteinander verbundenen Wesenheiten; dem entsprechend ist es Aufgabe aller Philosophie, diese darzustellen.

Allerdings kam Husserl gelegentlich doch auf die faktischen Dinge zu sprechen und bezeichnete sie wie die alten Metaphysiker als zufällig. Jegliches »räumlich-zeitlich Daseiende (ist) etwas, das an dieser Zeitstelle ist, diese seine Dauer hat und einen Realitätsgehalt, der seinem Wesen nach ebensogut an jeder anderen Zeitstelle hätte sein können..., desgleichen sich ändern könnte, während es faktisch ungeändert ist, oder sich in anderer Weise ändern könnte, als wie es sich faktisch verändert. Individuelles Sein jeder Art ist, ganz allgemein gesprochen zufällig... Aber der Sinn dieser Zufälligkeit, die da Tatsächlichkeit heißt, begrenzt sich darin, daß sie korrelativ bezogen ist auf ... Wesens-Notwendigkeit.« (Id I, 9) Ähnlich wieder Schelling: »Zufälligkeit (contingentia) bezieht sich stets nur auf die Existenz der Dinge, zufällig ist die hier, an diesem Ort, oder jetzt, in diesem Augenblick existirende Pflanze, nothwendig aber und ewig ist die Wesenheit der Pflanze, nicht anders seyn könnend, sondern nur so oder gar nicht.«[55] Notwendigkeit bedeutet in diesem Zusammenhang, daß die Wesensordnung der Welt für die Vernunft keine andere sein kann, als sie tatsächlich ist. Eine Wesensordnung ohne Notwendigkeit konnte sich Husserl ebensowenig vorstellen wie eine Welt ohne Verläßlichkeit. So schloß seine Philosophie nicht nur Ordnungslosigkeit aus, ihm war überdies die Vorstellung zuwider, daß die welthafte Ordnung auch ebensogut eine andere sein könnte. Nur die Einzeldinge nannte er zufällig oder kontingent, ohne auf deren rätselhafte Existenz näher einzugehen.

Anders Schelling. Nachdem dieser erkannt hatte, daß die absolute Vernunft nur fähig ist, das Wesen aller Dinge festzulegen, ohne bestimmen zu können, daß sie auch wirklich existieren, zeigte sich ihm deren Existenz als großes Rätsel, das die Frage hervorrief, »warum ist überhaupt etwas? warum ist nicht nichts?«[56] Diese berühmt-berüchtigte Frage sucht man bei Husserl vergebens, er überschritt nur selten die transzendentale Phänomenologie. Das ist verständlich, denn wer die gesamte Wirklichkeit in die Sphäre des absoluten Ego hineinnimmt, dem kann die Existenz der Welt nicht mehr rätselhaft erscheinen, weil er sie letzten Endes als von jenem Ego abhängig sieht. Darin ähneln Husserls Ausführungen weniger denen Schellings als vielmehr Fichtes, obgleich der im Gegensatz zu Husserl das absolute Ego durchaus als Welturheber verstand. So gesehen bleibt fast unverständlich, warum Husserl nicht auf das Rätsel der Weltexistenz stieß, die nicht vom transzendentalen Subjekt geschaffen sein konnte; es sei denn, die einfache Erklärung träfe zu, daß er sich noch nicht genügend vorbereitet fühlte, darauf näher einzugehen. Da er nicht an Gott glauben wollte, ohne ihn der Hervorbringung einer vernünftigen Welt für würdig und fähig zu halten, mußte er zuerst mit transzendental-phänomenologischen Mitteln beweisen, daß die Welt ihrem Wesen nach ein sinnvoll geordnetes, vernünftig gefügtes Ganzes bildet. Die abhanden gekommenen Evidenzen früherer Metaphysikepochen mußten erst wieder erreicht werden. Nur dann – und damit nach Widerlegung von Relativismus wie Naturalismus – konnte das Rätsel der Weltexistenz metaphysisch angegangen werden. Dazu kam es aber leider nicht mehr. Husserl blieb, wie er selbst beklagte, »im Vorzimmer der Wahrheit« (B III, 429), ohne dabei über die Richtung seiner Philosophie im Zweifel zu sein. »Aber ich meine, dass der Weg der transzendentalen Phänomenologie der einzig mögliche ist, um wissenschaftlich zu allen höchsten und letzten Fragen zu kommen, also auch zur Frage des Weltsinnes. Für den genaueren Kenner meiner Versuche ist es auch klar, in welche Richtung eine strenge Wissenschaft ›von unten‹ her weist – sicher nicht in die einer Entgöttlichung und Naturalisierung der Welt und am Ende auf eine geistlose und verabsolutierte psychophysische Natur.« (B VI, 99)

Auffällig ist wieder Husserls Vorsicht und Zurückhaltung, die auch an anderen Stellen deutlich wird und beweist, wie schwer es ihm als Philosophen fiel, sich in die Arme eines fürsorglichen Gottes fallen zu lassen.

Der späte Schelling und Husserls Brieffreund Natorp lenkten bereits den Blick auf »das Wunder aller Wunder, daß überhaupt etwas ist.«[57] Auch der frühe Heidegger sprach vom »Wunder aller Wunder, daß Seiendes ist.«[58] Husserl hingegen konzentrierte sich zunächst nur auf das absolute Ich und dessen rätselhafte Existenz, die Fichte wohl zum ersten Mal in der Neuzeit »Faktizität«[59] nannte. Er verstand darunter die Existenz des absoluten Ich, das zwar Schöpfer der Welt sei, sich aber weder selbst erschaffen habe noch zur Welt gehöre, weshalb es von einem göttlichen Absoluten abhängen müsse, das als sein unverfügbarer Daseinsgrund ihm voraus liege. Richard Hönigswald[60] und vor allem Heidegger[61] griffen später den Ausdruck Faktizität auf[62], aber auch Husserl bezeichnete das absolute Ego als »Ur-Faktum« (Hua XV, 386), »Urtatsache« (FtL, 241) oder »Urfaktizität« (Hua XV, 385), sprach aber auch von der »zufälligen Faktizität des Menschen.« (Hua VII, 54) Dabei betonte er wie Fichte, daß das absolute Ich weder sich selbst ins Dasein gebracht habe noch durch die Natur hervorgebracht wurde, so daß sich ihm die Frage aufdrängte, ob es nicht vielleicht seinen »Grund in Gott« (Hua XV, 385) habe, womit er bei dem ihn bedrängenden Thema war. In diesem Zusammenhang bemerkte er selbst, »daß die religionsphilosophischen Perspectiven, die mir die Phänomenologie eröffnete, überraschend nahe Beziehung zu Fichtes späterer Gotteslehre zeigen.« (B III, 83) Jedoch blieb Husserl, behutsam und zögerlich, wie er war, bei jener Frage stehen, auch wenn er in seinen Briefen immer wieder hervorhob, daß sein Werk »auf Gott bezogen« (ebd. 433) sei. »Gott und Gottwelt, gottsuchender, in Gotteskindschaft lebender Mensch... all das wird ... für eine absolute Seinsbetrachtung, auch ›Welt‹betrachtung vom Pole der reinen Subjektivität her... Neues, Reicheres bedeuten.« (B IV, 411) Verklausuliert und doch persönlicher gesprochen, heißt es dann: »Das Schicksal hat mir auferlegt die schwierigsten Fragen, die der Menschheit je gestellt werden konnten, übernehmen zu müssen..., weil ich von Problem zu Problem getrieben nicht anders konnte, und nicht konnte, weil ich an meinen Problemen todkrank war und immerfort bin, also um leben zu können mich an sie wagen muß.« (B III, 450) Allerdings traute er sich an die höchsten Fragen nie wirklich heran, so sehr er sich zu ihnen hingezogen fühlte; er sehnte sich »nach redlicher Klarheit, nach reinen und starken Gefühlen, und nach schönen, die zu Gott emportragen.« (Ebd. 423) Aber sie sollten »möglichst verdeckt bleiben« (ebd.), dem alten Spruch gemäß: de nobis ipsis silemus, de re autem. Eines sprach er allerdings offen aus: »Mein Lebenszweck liegt nicht im Wohlstand, sondern in der Philosophie, das ist das Reich meiner Sorgen, Hoffnungen, Verzweiflungen u. im Alter meiner Erfolge.« (B IX, 167)

5. Selbstgefährdungen des absoluten Ich

In seiner Freiburger Lehrtätigkeit zwischen 1916 und 1928 veröffentlichte Husserl kein Buch, nur die Manuskripte »wuchsen zu einem kaum noch zu beherrschenden Ausmaß« (B II, 180) und mit ihnen »die Sorge, ob ich in meinem Alter, was mir anvertraut war, selbst werde zu Ende bringen können. Die leidenschaftliche Arbeit führte zu immer neuen Rückschlägen und immer neuen Depressionen. Es verblieb schließlich eine allgemeine deprimierte Grundstimmung, ein gefährlich gesunkenes Selbstvertrauen.« (Ebd.) Ihn quälte schon lange die Frage, ob er noch genügend Zeit besitzen werde, sein Lebenswerk abzuschließen. Seit 1920 arbeitete er im »Wettlauf mit dem Tode« (B III, 448), und es fiel ihm schwer, klaglos hinzunehmen, daß mit dem Menschen auch das absolute Ich verschwinden würde, ob es nun seine Lebensaufgabe erfüllt hatte oder nicht. »Ich kann nicht an den Unsinn glauben, dass all die, wie ich sicher sein muss, grundwichtigen Erkenntnisse..., die ich unter unendlichen Sorgen, Verzweiflungen, Mühen, schliesslich zur Reinheit bringen konnte, nicht fruchtbar werden sollten, weil so ein Stück Fleisch plötzlich mit Stoffwechsel u. dgl. streiken wollte.« (Ebd. 46 f.) Aber so ist das Leben, es fragt uns nicht, ob wir mit dem einverstanden sind, was es uns bietet. Gleichzeitig litt Husserl weiter unter seinem Unvermögen, abgeschlossene Texte zu verfassen. »Es ist ja in 40jähriger Arbeit zu nicht mehr gekommen als zu Bruchstücken u. zu radikalen methodischen Vorbesinnungen.« (B IV, 131) Trotz fieberhafter Arbeit bin »ich hinter der übergroßen Aufgabe zurückgeblieben, die mir im vieljährigen Ringen um die Methode einer streng wissenschaftlichen Philosophie ... zugewachsen« (B III, 385) ist. Aber noch »als Siebziger« mochte er »die Hoffnung nicht aufgeben, besser als bisher« (ebd.) sein Lebenswerk zu vollenden. Dem entsprechend kam es auch zu hoffnungsfrohen Äußerungen. Kurz nach seiner Emeritierung 1928 schrieb er: »Andererseits ist es so, daß ich in einer Weise diese Altersjahre als die glücklichsten meines Lebens preisen darf. Seit meiner Emeritierung kann ich ja endlich ganz ungebunden der Philosophie leben... Und was das Wesentlichste: Ich bin noch in voller Produktivität und die Erndte meines Lebens kommt allmälig herein und ist so groß und wächst so herrlich, wie ich mir es in jungen, ja auch noch in den reifen Mannesjahren nicht mehr hätte träumen lassen.« (B IX, 78)

Das beweist das 1929 erschienene Buch *Formale und transzendentale Logik,* das er wie Ideen I »in einem Zuge, in etwa 2 Monaten niedergeschrieben« (B IX, 80) hatte. Dem ging 1928 die Veröffentlichung der *Vorlesungen zur Phänomenologie des inneren Zeitbewußtseins* voraus, die von Husserls ehemaliger Assistentin Edith Stein zunächst geordnet und vervollständigt, von Husserl selbst überarbeitet und von Heidegger schließlich herausgegeben wurden. Nach Niederschrift von *Formale und transzendentale Logik* verfaßte er die Vorträge »Einleitung in die transzendentale Logik«, die am 23. und 25. Februar 1929 an der Sorbonne in Paris gehalten wurden. Grundlegend überarbeitet erschienen sie 1931 als *Meditations Cartésiennes* und erst 1950 in noch einmal veränderter Fassung als *Cartesianische Meditationen* auf deutsch. Husserl erlebte diese Veröffentlichung nicht mehr, obgleich er große Erwartungen gerade in dieses Werk gelegt hatte. »Denn das wird das Hauptwerk meines Lebens sein, ein Grundriss der mir zugewachsenen Philosophie, ein Fundamentalwerk der Methode und der philosophischen Problematik. Mindestens für mich Abschluss und letzte Klarheit, für die ich eintreten, mit der ich ruhig sterben kann.« (B III, 262) Jedoch kam er wieder mit der Überarbeitung nicht zum Ziel, was ihn insofern besonders quälte, als sich sein Schüler und Nachfolger Heidegger von ihm abwandte.

Ihn hatte er ehedem als neuen Stern der Philosophie angekündigt und dann als Nachfolger vorgeschlagen. 1920 schrieb er, daß Heidegger »in den beiden letzten Jahren mein wertvollster philosophischer Mitarbeiter« (B V, 140) geworden sei und daß er auf ihn »große Hoffnungen« (ebd.) setze; er beschrieb ihn als »gediegene Persönlichkeit«. (B III, 215) Ähnlich äußerte er sich auch noch in den folgenden Jahren, in denen sich Heidegger, wie man heute weiß, innerlich längst von ihm gelöst hatte. Noch 1928 zeigte Husserl stolze Bewunderung für seinen ehemaligen Schüler: »Es ist in Deutschland Niemand, der so die Herzen der Jugend zu sich hinreißt. Und dabei eine reine, völlig selbstlose Persönlichkeit, so ganz den großen Sachen hingegeben.« (B V, 187) 1929 kam es dann aber vollends zum Bruch, über den sich Husserl ausführlich in einem Brief an Pfänder vom 6.1.1931 ausließ. Dort heißt es: »als 1927 ›Sein und Zeit‹ erschien, war ich von dem neuartigen Sprach- und Denkstil befremdet. Zunächst traute ich seiner nachdrücklichen Erklärung: Fortsetzer meiner Philosophie zu sein ... Er selbst leugnete stets, daß er meine transzendentale Phänomenologie preisgebe... So kam es, daß ich, als es sich um die Wahl meines Nachfolgers handelte, unter dem Banne der Idee, die Zukunft der von mir begründeten transzendentalen Phänomenologie sichern zu müssen, ihn als den einzig berufenen ansah... Unser Verkehr nach Antritt seiner Stelle dauerte etwa 2 Monate lang, dann wars in aller Friedlichkeit vorbei. Er entzog sich eben auf einfachste Weise jeder Möglichkeit wissenschaftlicher Aussprache.« (B II, 183) Zu einer gründlichen Lektüre von *Sein und Zeit* kam Husserl erst nach Heideggers berühmter Antrittsvorlesung »Was ist Metaphysik?« im Juli

1929. Sein Urteil war vernichtend: »Ich kam zum betrüblichen Ergebnis, dass ich philosophisch mit diesem Heideggerschen Tiefsinn nichts zu schaffen habe, mit dieser genialen Unwissenschaftlichkeit..., die für immer unmöglich zu machen ich zu meiner Lebensaufgabe stets gerechnet habe.« (Ebd. 184, vgl. auch B III, 473) Sein wichtigster Einwand lautete, Heidegger habe die transzendental-phänomenologische Reduktion mißachtet und sei im Anthropologischen steckengeblieben. Dadurch habe er die Idee der Philosophie als strenger Wissenschaft durch »modische Schwenkung zu einer Philosophie der Existenz« (B III, 262) auf ungehörige Weise verraten. »Umso mehr lege ich Gewicht auf die volle Ausgestaltung der deutschen Ausgabe der Cartesianischen Meditationen zu meinem systematischen Hauptwerk.« (Ebd. 254) Aber damit kam er wieder nur schwer voran, was ihn sehr bedrückte. In zuvor unbekannte Tiefen vorstoßend, wurde ihm selbst zunehmend zweifelhaft, ob eine Instanz wie das absolute Ich überhaupt dem Wissen absolute Geltung und der Welt eine einheitliche Ordnung geben konnte.

5.1 Das Rätsel der Zeit

In nicht endenwollenden Wiederholungen bearbeitete Husserl stets dasselbe Feld und ließ dadurch den Eindruck entstehen, an Problemen herumzutüfteln, die nicht wirklich wichtig waren. Eigentlich weiß man bis heute nicht genau, ob das Flimmern seiner Werke nun ein weites Meer spiegelt oder nur einen kleinen See.

Ob nun *Formale und transzendentale Logik* oder *Cartesianische Meditationen,* wie die meisten seiner Schriften beginnen auch diese mit der natürlichen und naturwissenschaftlichen Sicht, in der das »Ansichsein der wirklichen Welt« (FtL, 199) fraglose Selbstverständlichkeit ist. Danach kommt es wieder zur »transzendental-phänomenologische(n) Reduktion«

(CM 23), in der »mein natürliches menschliches Ich und mein Seelenleben auf mein transzendental-phänomenologisches Ich« (ebd.) reduziert werden. Hierbei wird noch stärker als bisher der Unterschied zwischen welthaftem und außerweltlichem Subjekt hervorgehoben: »Ich, das transzendentale Ego, bin das allem Weltlichen vorausgehende, als das Ich nämlich, in dessen Bewußtseinsleben sich die Welt als intentionale Einheit allererst konstituiert. Also Ich, das konstituierende Ich, bin nicht identisch mit dem schon weltlichen Ich, mit mir als psychophysischem Realen.« (FtL 211) Mit Augustinus übereinstimmend, nach dem die Wahrheit im Inneren des Menschen wohnt, betont Husserl »Man muß erst die Welt durch epoché verlieren, um sie in universaler Selbstbesinnung wiederzugewinnen.« (CM 161) Die so gewonnene »Welt mit allen ihren Realitäten, darunter auch mit meinem menschlichen Sein« (FtL 222) existiert nun nur noch »in Relation« (ebd.) zum absoluten Ich. »Alles Seiende ist letztlich relativ ... auf die transzendentale Subjektivität. Sie aber ist allein in sich und für sich.« (Ebd., 241) Anders gesprochen: »Alles Außen ist, was es ist, in diesem Innen.« (Ebd. 221) Allerdings befaßt sich die »transzendentale Phänomenologie als die Selbstauslegung der transzendentalen Subjektivität« (ebd. 241) nicht nur mit den die Welt konstituierenden Bewußtseinsleistungen, sondern dringt immer tiefer auch in das Bewußtsein selbst ein.

Dabei stößt das transzendentale Subjekt auf die Grenzen seiner Selbstverfügbarkeit und Selbstdurchsichtigkeit, sobald es auf sich aufmerksam wird. Beide Grenzen zeigen sich ihm als Rätsel der eigenen Existenz und Zeitlichkeit, die seine Absolutheit zu gefährden scheinen. Jedoch darf das Rätsel der Existenz, das unter dem Schlagwort Faktizität des Subjekts bereits erwähnt wurde und nichts weiter bedeutet, als daß das absolute Ich sich selbst vorgegeben ist, nicht mit dem Rätsel der Zeitlichkeit des Subjekts gleichgesetzt werden. Die Faktizität des Subjekts, ein geläufiger Begriff der neuzeitlichen Philosophie[63] bedroht die Selbstgenügsamkeit wie die Selbstverfügbarkeit des absoluten Ich; als unverfügbares Faktum könnte es in einem anderen als ihm selbst gegründet sein, in einem göttlichen Absoluten, das es ins Dasein brachte und darin erhält. Dann wäre es aber nicht mehr Herr seiner selbst. Husserl bannte diese Gefahr, indem er jene Faktizität der Absolutheit des Subjekts unterordnete. Das absolute Ich, das sich nicht selbst gesetzt hat, existiert als »absolut Seiendes« (FtL 241), das heißt als eines, das sein Leben selbständig führt und für seine Vernünftigkeit allein einsteht. Würde man aber die Faktizität dem absoluten Ich vor- und nicht – wie Husserl – diesem unterordnen, so wäre dessen Selbstverfügbarkeit gefährdet, weil nun nur noch im Blick stünde, daß es nicht aus sich heraus existiert. Das wäre eine für Husserl unannehmbare Vorstellung, wie auch seine Untersuchungen zur Rätselhaftigkeit der Zeit beweisen.

Darin geht es um den Widerstand, welchen die innere Zeitlichkeit für die Selbsterhellung des absoluten Ich darstellt. Dieses kann zwar über seine eigene Vergangenheit und Zukunft nachdenken, verweilt aber meistens im gegenwärtigen Augenblick. Husserl beschreibt ihn sehr ausführlich in der Form der Wahrnehmungsgegenwart vor allem eines Tones oder einer Melodie, eines seit Augustins Zeituntersuchungen in den *Bekenntnissen* oft genannten Beispiels. In diesem Zusammenhang unterscheidet er zwischen Urimpression, Retention und Protention. Erstere bezeichnet den Augenblick, in dem das Ich am unmittelbarsten einen Ton wahrnimmt, Retention bezieht sich auf die Erinnerung an den soeben gehörten, aber schon verklingenden Ton, Protention drückt die Erwartung des gerade herankommenden Tones aus. Es gibt keine Gegenwartswahrnehmung, in der nicht das »Soeben-gewesen« und »Soeben-kommend« mitbewußt wäre. Das urimpressional-retentional-protentionale Gegenwärtighaben bildet zusammen ein fließendes Präsenzfeld[64], das heißt, der jetzige Ton verklingt noch, wenn der herankommende bereits ertönt, um sogleich wieder nur noch als gerade gehörter Klang bewußt zu werden. Augenblicke danach fällt er aus dem Präsenzfeld heraus und versinkt in eine Vergangenheit, aus der er sich durch Erinnerung aber wieder zurückholen läßt, wenn das Gedächtnis es erlaubt.

Jedoch ist nach Husserl nicht nur die gegenwärtige Wahrnehmung zeitlich strukturiert, sondern das allen Erlebnissen zugrundeliegende Ich ebenfalls. Er beschrieb es seit 1930 als »strömend-lebendige Gegenwart«. (Hua XV, 45) Das über sich selbst nachdenkende Subjekt erfährt sich darin gleichermaßen als strömendes Jetzt (nunc fluens) und als stehendes Jetzt (nunc stans). Es ist im Strom wechselnder Erlebnisse sich selbst als stehendes, allgegenwärtiges, identisches Ich bewußt und sieht sich doch von Jetztpunkt zu Jetztpunkt fortfließend.

Daraus ergibt sich ein Problem besonderer Art, das Husserl am Phänomen der Selbstreflexion verdeutlicht. Wann immer das absolute Ich, um sich selbst zu erfassen, über sich reflektiert, bekommt es sich aufgrund jenes kontinuierlichen Fortströmens stets nur als das soeben gewesene Ich in den Blick; alle Selbstreflexion ist ein »Nachgewahren«[65]. Damit verspätet sich das Ich ständig dem gegenüber, was es in den Blick nehmen möchte; es bleibt uneinholbar sich selbst entzogen, sich selbst gegenüber im Verzug. Reflektierendes Ich und reflektiertes Ich fallen dieses zeitlichen Abstandes wegen auseinander. Sie sind nicht identisch, weil das Ich in der Selbstreflexion immer nur ein soeben reflektierend gewesenes Ich erblickt, nie aber das gerade reflektierende Ich selbst. Daraus folgt, daß das reflektierende Ich »seiner selbst unbewußt, anonym« (Hua VII, 262) bleibt. Es erfaßt nie seine lebendige Gegenwart, die es immer gerade verpaßt; es ist nie gleichzeitig mit dem, über das es reflektiert.

Nun blieb Husserl aber bei dieser Feststellung wieder nicht stehen. Er konnte sich nicht damit abfinden, daß das auf sich reflektierende Ich sich selbst entzogen sein sollte. Ein absolutes Ich, das Inbegriff der Vernunft sein will, muß nicht nur über sich selbst verfügen können, es muß auch in sich völlig durchsichtig sein. Die Zweifel daran zerstreute er dadurch, daß er immer weiter »in die dunklen Tiefen des letzten, alle Erlebniszeitlichkeit konstituierenden Bewußtseins« (Id I, 171) hinabstieg. Dabei zeigte sich: »Das transzendentale Absolute, das wir uns durch die Reduktionen herauspräpariert haben, ist in Wahrheit nicht das letzte; es ist etwas, das sich selbst in einem gewissen tiefliegenden und völlig eigenartigen Sinn konstituiert und seine Urquelle in einem letzten und wahrhaft Absoluten hat.« (Ebd. 163) Dieses Absolute liegt gleichsam im anonymen Ich und wirkt darin als die Macht, welche die erwähnte Kluft zwischen reflektierendem und reflektiertem Ich fortwährend überbrückt, wenn auch nicht schließt.

Im einzelnen argumentiert Husserl so: Das auf sich selbst reflektierende Ich erfaßt zwar immer nur das soeben reflektierend gewesene, aber nie das die Reflexion gerade vollziehende Ich; dennoch erfaßt es sich hierbei doch selbst, andernfalls wäre Selbstbewußtsein nicht möglich. Da es dieses aber gibt, muß das absolute Ich sich in dem erfahren können, das eben noch es selbst war. Das ist nur dann denkbar, wenn das im anonymen Ich eingeschlossene absolute Ich noch vor aller bewußten Reflexion sein zeitliches Verströmen zusammennimmt und so im Wandel als »das eine und selbe Ich behält und zusammenhält.«[66] Das reflektierende Ich kann sich im reflektierten Ich, das heißt dem soeben reflektierend gewesenen Ich, deshalb erfassen und wiedererkennen, weil es zuvor schon die durch das zeitliche Strömen entstandene Distanz zu sich überbrückt hat. Noch vor aller bewußten Reflexion hat es sich über jeden durch das zeitliche Strömen auftretenden Abstand hinweg zusammengenommen und mit sich selbst identifiziert.

Es sei dahingestellt, ob diese Konstruktion richtig ist. Jedenfalls bringt sie zum Ausdruck, daß Husserl – trotz Erkenntnis der Faktizität und Anonymität des absoluten Ich – an dessen absoluter Selbstverfügbarkeit und Selbstdurchsichtigkeit ungebrochen festhielt. Er sieht zwar, daß Selbstgegenwart und Selbstbesitz bedroht sind, ist aber darauf bedacht, diese drohende Selbstgefährdung auszuschließen.

Heute sehen viele hinter Husserls Darstellung des absoluten Ich als eines selbstverfügbaren und selbstdurchsichtigen einen »Willen zur Macht« am Werk und bringen sie deshalb kurzschlüssig mit Assoziationen eines überzogenen Herrschaftsanspruchs in Verbindung. Gegenwärtig neigt man ja überhaupt dazu, Husserls Begriff der Totalität mit totalitärem Denken gleichzusetzen. Ob Adorno, Lévinas, Lyotard oder Derrida, für sie alle bedeutet transzendentale Phänomenologie, daß ein selbstherrliches Ich gewaltsam von der Welt Besitz ergreift, diese nach seinem Gutdünken formt, zur Vernunft bekehrt und alles Dunkle, Fremde, Unverfügbare ausschließt. Jedoch sind diese Interpretationen höchst zweifelhaft, weil sie Husserls eigentliches Ziel völlig mißachten. Hinter seinem absoluten Ich steckt kein sich das Ganze aneignender Herrschaftswille, sondern eine tiefe Sorge um den Sinn von Welt und Leben. Diesen konnte er nur noch in einer einheitlichen Vernunftordnung erkennen, die sich nicht mehr von selbst verstand, deshalb auf ein absolutes Ich zurückgeführt werden mußte, dessen Absolutheit Selbstgegenwart und schrankenlosen Selbstbesitz voraussetzte. Ein ohnmächtiges, mit sich nicht identisches Ich wäre dazu nicht in der Lage. Seiner selbst nicht mächtig, würde sich seine beanspruchte Absolutheit als brüchig, die angemaßte Vernünftigkeit als illusionär erweisen.

Transzendentale Phänomenologie ist sicher nicht anmaßendes Streben nach Macht über die Welt, sondern vielmehr angstvolle Suche nach Sinn angesichts der quälenden Ahnung, daß die Welt sinnlos sein, daß Naturalismus und Relativismus doch das letzte Wort behalten könnten. Husserl trat dem mit seinem absoluten Ich entgegen, für das nicht gottlose Machtversessenheit verantwortlich ist, sondern die religiös begründete Angst um den Sinnbestand der Welt. In seinem transzendentalen Idealismus ging es von Anfang an gar nicht um die Bestreitung der realen Existenz der Welt, wie viele annehmen. Es ging einzig und allein um Sicherung und Begründung der Idee der Wirklichkeit als sichtbarer Vernunftordnung, seiner Auffassung nach die hauptsächliche Voraussetzung für ein verantwortungsvolles Leben des Einzelnen und eine theistische Metaphysik des Ganzen.

5.2 Das Rätsel des Anderen

»Meine Schriften sind sehr schwierig zu lesen, sie müssen lange studiert werden, ich hab ja auch Jahrzehnte an jeder gearbeitet« (B IX, 165), schrieb Husserl, der ein genau nach der Uhr eingeteiltes Arbeitsleben führte, das normalerweise morgens um halb sechs Uhr begann. Zu seinen am schwersten verständlichen Schriften gehören sicherlich seine zeitphänomenologischen Untersuchungen. Ebenso schwierig sind aber auch die Darlegungen über Intersubjektivität, welche Ausführungen über weitere Selbstgefährdungen des absoluten Ich enthalten. Darin droht das außerweltliche Subjekt mit dem innerweltlichen zusammenzufallen. Auf das Problem der Intersubjektivität war Husserl im Zusammenhang mit der Frage nach der Objektivität unseres Wissens gestoßen, wobei er Objektivität mit Erkenntnis gleichsetzte, die »ein für allemal und für jedermann« (FtL 173) gelte. Dieses »jedermann« geht aber von der Existenz anderer Subjekte aus, die gleich ihm Welterfahrung haben, dieselbe Welt wahrnehmen, und mit denen Verständigung, Erfahrungsaustausch möglich ist. Da Husserl aber das absolute Subjekt zunächst in eine von allen »Anderen« abgekapselte Sphäre der Innerlichkeit einschloß, drängte sich ihm jetzt die beunruhigende Frage auf, wie es im Binnenraum des Bewußtseins überhaupt zur Begegnung mit »Anderen« kommen kann, mit denen das absolute Ich gemeinsam eine »objektive« Welt konstituieren soll. Diese wäre dann nicht mehr nur der Erfolg transzendentaler Subjektivität, sondern der »transzendentale(r) Intersubjektivität« (CM 133). Es ergab sich die Frage, ob Phänomenologie nicht »transzendentaler Solipsismus« (ebd. 91) sei. Darauf ging Husserl ausführlich in den *Cartesianischen Meditationen* ein, die aus den Pariser Vorträgen von 1929 entstanden waren und aus fünf Untersuchungen bestehen. Von ihnen befaßt sich lediglich die letzte und weitaus längste mit dem Problem der Fremderfahrung, Einfühlung und Gemeinschaftsbildung, eine Fragestellung, die in den Pariser Vorträgen nur gestreift wurde. Ursprünglich sollte es eine sechste Meditation geben, die Husserls Mitarbeiter Eugen Fink später schrieb und die 1988 zum ersten Mal veröffentlicht wurde.[67]

Die für Husserls Verständnis der Intersubjektivität äußerst wichtige fünfte Meditation stellt jedoch keineswegs sein einziges Werk zu diesem Thema dar. In der Gesamtausgabe gibt es dazu drei weitere Bände mit sogenannten Forschungsmanuskripten, die er weder für Leser noch für Hörer, sondern nur für sich selbst verfaßte.

Ohne auf diese hier näher einzugehen, sei nur hervorgehoben, daß der Ausgangspunkt seiner Überlegungen wieder das absolute Ich ist mit der ihm eigenen Welt, aus der alles, das auch nur im geringsten auf »Andere« hinweist, erst einmal verbannt wird. Husserl bezeichnet diese Welt mit einem neuen Ausdruck als »primordiale Sphäre« (ebd. 114). Darunter versteht er eine vom transzendentalen Subjekt erstellte Welt ohne irgendwelche anderen Subjekte darin. Im nächsten Schritt läßt er dieses einsame Ich sich einen Körper formen, einen Hierpunkt, von dem aus die Welt auf bestimmte Art und Weise erscheint. Dann erfolgt eine erste Annäherung an den »Anderen«, der von mir, wie es heißt, nie unmittelbar erfahren werden kann, weil niemand direkten Zugang zum fremden Inneren besitzt. Man sieht immer nur andere Körper, die dem eigenen ähneln, weshalb man berechtigterweise annimmt, daß sich darin auch ein Ich mit einer eigenen Welt aufhält. Gewissermaßen projiziert man sein eigenes Ich in einen anderen Körper und konstituiert dadurch erst den »Anderen« als solchen. Transzendentale Einfühlung bedeutet demnach, sich nicht nur in die Lage eines »Anderen« zu versetzen, sondern diesen selbst erst als solchen zu setzen. Dabei unterstellt man, so Husserl, daß alle dieselben Dinge und die gleiche Welt sehen wie man selbst, nur von anderer Seite, aus anderer Perspektive. Nach und nach kommt es so zur Konstitution der »objektiven« Welt, in welcher die verschieden wahrgenommenen Dinge miteinander übereinstimmen. Erst danach läßt Husserl die vielen Ich miteinander kommunizieren, in Wechselbeziehung treten, sich gemeinsam über die Welt verständigen.

Auf dieses ganze Problem war er bereits zuvor in den Ideen II eingegangen. In den *Cartesianischen Meditationen* betont er vor allem, »daß die für mich »Anderen« nicht vereinzelt bleiben, daß sich vielmehr (in meiner Eigenheitssphäre natürlich) eine mich selbst einschließende Ich-Gemeinschaft als eine solche miteinander und füreinander seiender Ich konstituiert..., und zwar als eine solche, die ... die eine und selbe Welt konstituiert.« (Ebd. 110) Hier kann die komplizierte Konstitution der transzendentalen »Wir-Gemeinschaft« (Hua V, 153), »das transzendentale Ich-All« (FtL 237), nicht ausführlicher dargestellt werden. Es sei nur festgehalten, daß Husserl zufolge das transzendentale Subjekt, das demnach jeder von uns im Inneren ist, die Objektivität alles konstituierten Sinns und Seins nur mit »Anderen« gemeinsam garantieren kann. Er stellte damit dem subjektiven Evidenzprinzip bereits ein intersubjektives Konsensprinzip an die Seite.

Allerdings ist diese Theorie der Intersubjektivität äußerst problematisch. Gewöhnlich kritisiert man, daß in ihr die »Anderen« immer nur als Abbild des sie jeweils setzenden Ich vorgestellt werden und daß die Wirgemeinschaft als Schöpfung des absoluten Ich schließlich doch wieder zu dessen Wirksphäre gehört.[68] Tatsächlich verteidigt dieser Philosoph weltabgekehrter Innerlichkeit bis zuletzt, daß alles seinen Sinn ausschließlich aus der eigenen Bewußtseinssphäre schöpft. So sei »auch die transzendentale Intersubjektivität ... in mir, also auf mich relativ, konstituiert ... als Vielheit von Egos« (ebd. 241) zu sehen. Damit besteht aber der für überwunden erklärte »transzendentale Solipsismus« (CM 91) insgeheim fort. Dieses Problem aufgreifend, wenden andere ein, daß es grundsätzlich scheitern müsse, von einem in sich eingekapselten Ich aus zu einer Wirgemeinschaft zu gelangen. Eigentlich seien wir doch schon immer bei anderen, denn von Anfang an teilen wir unsere Sprache mit ihnen, durch welche der Abstand untereinander von vornherein überbrückt sei, auch wenn wir uns in alltäglichen Gesprächen oftmals mißverstünden. So müsse immer schon vorausgesetzt werden, was Husserl erst nachweisen wollte: das Zusammenleben mit anderen und eine Gemeinschaft, zu der wir gehören.

Ein anderes Problem stellt die Verleiblichung des absoluten Subjekts im Zusammenhang mit der Konstitution des »Anderen« dar. Das absolute Ego ist ein Wesen von konkreter Existenz, das wahrnimmt, vorstellt, bewertet, ein »Substrat von Habitualitäten« (ebd. 68), wie Husserl auch sagt. Es ist ein Ich, das nicht nur Entscheidungen trifft, Urteile fällt, Vorstellungen hat, sondern das diese auch für die Zeit seines Bestehens bleibt. Ein solches Ich nennt er, an Leibniz anknüpfend, »Monade« (ebd. 69). Zu ihr gehört grundsätzlich ein Leib, der die Außerweltlichkeit des absoluten Ich im gleichen Maße gefährdet, wie bereits Faktizität und Anonymität dessen Selbstverfügbarkeit und -durchsichtigkeit in Frage stellten.

Allerdings kann die Theorie der Intersubjektivität nicht auf die Verleiblichung des absoluten Ich verzichten, das damit aber Teil der Welt zu werden droht, denn einen außerweltlichen Leib kann man sich jedenfalls nicht vorstellen. Hinzu kommt, daß einem in der Welt die »Anderen« immer nur als körpergebundene Ich begegnen. Trotzdem unternahm Husserl alles, um seine Vorstellung von der Außerweltlichkeit des absoluten Ich zu erhalten. Wie bereits die Faktizität wurde auch die Körperhaftigkeit dem transzendentalen Ich ein- und untergeordnet. Das absolute Ich sei nicht einfach an einen Leib gebunden, sondern es konstituiere sich vielmehr als an einen Leib gebunden und sei diesem damit vor- und übergeordnet.

Auch ohne nähere Beschreibung macht diese Lösung deutlich, daß Husserl alles Erdenkliche tat, um die Absolutheit des transzendentalen Ich vor jeder Einschränkung zu schützen.

Zusammenfassend läßt sich sagen: Die vorgegebene Existenz des absoluten Ich weist auf dessen Faktizität hin, die Zeitlichkeit auf eine ihm innewohnende Anonymität, sein Körper auf Weltzugehörigkeit. Ersteres bedroht jedoch die Selbstverfügbarkeit des absoluten Ich, das andere dessen Selbstdurchsichtigkeit und das letzte seine Außerweltlichkeit. Alle drei Aspekte zeigen Risse, Lücken, Brüche in der Vorstellung eines absoluten Ich an, die Husserl verzweifelt abzudichten suchte. Er bemühte sich, jeden erdenklichen Zweifel an der Absolutheit des Subjekts zu zerstreuen, denn nur ein absolut Seiendes konnte für ihn Inbegriff einer Vernunft sein, die einerseits die Welt als sinnvolle Ordnung zeigen, andererseits der sie beschreibenden Darstellung absolute Geltung geben sollte. In trotziger Abwehr von Naturalismus und Relativismus hielt Husserl die Welt nur als Vernunftordnung für erträglich und das Dasein nur als Vernunftleben für gerechtfertigt; deshalb mußte die dem Subjekt zuerkannte Absolutheit unter allen Umständen erhalten werden.

Hinsichtlich der Erreichung dieses Zieles war er stets zuversichtlich, andere betrachteten das hingegen mit großer Skepsis. Sie leugneten die Möglichkeit eines absoluten Ich wie auch die Vorstellung einer einheitlichen Vernunftordnung. Ob Hermeneuten, Pragmatisten oder Strukturalisten, sie alle bestreiten auch heute noch die Möglichkeit absoluter Selbstbesinnung des Ich, wie sie Husserl vorschwebte, genauso wie den vollständigen Besitz eines Selbstbewußtseins. Uns sei keine vollkommene Selbstevidenz beschieden, sagen sie, denn die Mächte der Geschichte und der Sprache seien zu gewaltig, als daß unser Sein in reiner, wahrer Selbsterkenntnis aufgehen könne. Diese Kräfte leisteten dem Bemühen um Selbsterhellung im Gegenteil erheblichen Widerstand. Das Ich müsse sich dessen bewußt werden, daß es seiner selbst nur sehr begrenzt mächtig sei, wie man überhaupt von der mono- und monadologischen Bewußtseinsphilosophie zur modernen Sprachphilosophie übergehen sollte. Heute setzt man an die Stelle eines transzendentalen Ego oft ein subjektloses Sprach-, Überlieferungs- oder Zeichengeschehen[69], das die Vorstellung einer einheitlichen Vernunftordnung nicht mehr erlaubt. Alle übergeordneten Größen wie Ich, Gott und die Idee einer kontinuierlichen, linearen Geschichte werden im anonymen Spiel der Sprache, dessen Feindbilder Präsenz, Identität und Selbstbesitz heißen, aufgelöst.

Andere gehen nicht ganz so weit. Sie betonen nur, daß die Einheit von Mensch und Welt wesentlich ein geschichtliches Phänomen und nicht die Setzung eines transzendentalen Ich sei.[70] Außerdem bestreiten die meisten Zeitgenossen die Möglichkeit absoluten Wissens. Sie sagen, nur wer an allem zweifelt, muß auch alles bis ins letzte begründen; dafür bestehe aber überhaupt kein Anlaß. Realistisches Ziel aller Erkenntnis sei vielmehr kritischer Common sense, dessen Wahrheitsprinzip intersubjektiver Konsens, nicht aber subjektive Evidenz heiße.[71] Es ist klar, daß Husserl mit solchen Ansätzen nie einverstanden gewesen wäre. Er hätte mit ihnen nur wenig anfangen können, weil es ihm im letzten um mehr und anderes ging, als seine Interpreten und Kritiker heute als Aufgabe der Philosophie verstehen.

6. Ein vernünftiges Leben in einer geordneten Welt

Mit der transzendentalen Phänomenologie sei »der Entwurf einer Philosophie als strenge Wissenschaft zu Stande gekommen, der eine ins Unendliche fortgehende philosophische Gemeinschaftsarbeit sichert« (B IV, 23), glaubte Husserl. Er lebte in der überschwenglichen Hoffnung, »daß die neue und höchst fruchtbare Phänomenologie ... eine ebenso große Entwicklung nehmen wird ... wie gegenüber der genial unklaren Naturphilosophie der Renaissance die exakte Physik seit Galilei.« (Hua XXV, 81) Siegesgewiß schrieb er: »der Zukunft bin ich absolut sicher, ganz sicher, daß es nie mehr eine Philosophie von dem alten Stil wird geben können« (B IX, 99), fest davon überzeugt, daß die Phänomenologie »eine neue Epoche für die Philosophie überhaupt, einen neuen Abschnitt der Geschichte für die kommenden Jahrhunderte« (ebd.) bedeuten werde. Wie sehr sollte er sich darin täuschen! Aber der Glaube an seine »philosophische Mission« (B III, 492), zu der er sich »von oben her« (B VII, 189) bestimmt fühlte, war durch nichts zu erschüttern.

Hatte er auch kein philosophisches Glaubensbekenntnis, so brachte er doch eine Botschaft: »Allherrschaft der logischen Vernunft« (Hua XXVIII, 59), die allerdings mit der Vorstellung eines ohnmächtigen, für sich selbst nicht durchsichtigen Ich und mit dem Leben in einer unübersichtlichen, chaotischen Welt nicht vereinbar war. Deshalb ging er von einem vernunftvollen, sinnhaft aufgebauten Universum wahrnehmbarer Dinge aus, das eine einheitliche Ordnung darstellte, die er ontologisch zu erfassen suchte.

Das Verhältnis zwischen Ontologie und Phänomenologie behandelte er vor allem in *Formale und transzendentale Logik*, aber auch schon in den *Logischen Untersuchungen* (vgl. LU II/1, 251 f.), ferner in Ideen I (vgl. Id I, 18 f.) wie Ideen III und in den *Cartesianischen Meditationen* (vgl. CM, 64 f.), in vielen Vorlesungen sowie Entwürfen im Nachlaß. Dabei zeigt sich, daß seine Ontologie über Jahrzehnte hin kaum verändert wurde.

Er entwickelte sogar eine Ethik nach deren Vorbild, davon ausgehend, daß zwischen logisch-theoretischer Vernunft und axiologisch-praktischer Vernunft, zwischen der Idee der Wahrheit und der des Guten eine »Analogie« (Hua XXVIII, 29) besteht. Schon sehr früh ethischen Fragen zugewandt, hielt er bereits als Privatdozent zwischen 1891 und 1897 mehrere Ethikvorlesungen. Eine Phänomenologie der praktischen Vernunft entstand aber erst zwischen 1909 und 1914. An sie schlossen sich kultur- und geschichtsphilosophische Untersuchungen an, die zu dem folgenden Ergebnis führten: Das transzendentale Subjekt muß nicht nur die Welt als wohlgeordneten Vernunftzusammenhang gegen einen Zustand chaotischer Regellosigkeit schützen, sondern auch unser Dasein nach höchsten Vernunftideen formen, damit das Leben nicht ins Chaos zurückfällt, in das es zu stürzen droht, sobald sich die ordnende Hand der Vernunft daraus zurückzieht.

6.1 Ordnungssuche und Sinnfindung

Das Verhältnis zwischen seiner Ontologie und der transzendentalen Phänomenologie bietet jedoch ein verwirrendes Bild. Einmal entwickelt Husserl die Ontologie gänzlich losgelöst von der transzendentalen Phänomenologie, ein andermal klammert er sie in der phänomenologischen Reduktion aus. Dann betont er wieder, daß »die reine Phänomenologie alle Ontologien in sich berge« (Hua V, 77), den »Mutterboden« (ebd. 105) bilde, aus dem »alle ontologischen Einsichten entstammen.« (Ebd.) So verwickelt das »Verhältnis von Phänomenologie und Ontologie« (ebd. 76) aber im einzelnen auch zu sein scheint, »die Einbezogenheit der Ontologien in die Phänomenologie« (ebd. 77) muß Husserls grundsätzliche Überzeugung gewesen sein, andernfalls dürfte die transzendentale Phänomenologie auch von ihm selbst nicht als »Urquellenwissenschaft alles möglichen Bewußtseins und Seins« (Hua XXVII, 18) verstanden worden sein.

Die in Abhängigkeit vom absoluten Ich stehenden Ontologien beschreibt Husserl näherhin als Wesenswissenschaften, die allen Tatsachenwissenschaften voraus- und zugrundeliegen. Er unterscheidet mehrere Ontologien, von denen jede systematisch aufgebaut ist. Alle zusammen bilden ein System, ein sich selbst tragendes Ganzes, in dem alle Teile aufeinander verweisen. Er spricht von dem »Ideal eines Systems aller Ontologien« (Hua V, 104), von der »Idee eines allumspannenden Systems aller möglichen ... Begriffe.« (Ebd. 99) Der im absoluten Ich gebildete Vernunftzusammenhang erweist sich damit also nicht nur als Universum der sichtbaren Dinge, sondern gleichermaßen als eine sich aus Wesenheiten, Seinsbegriffen und Kategorien aufbauende Ordnung. Er ist auf alle Fälle ein einheitliches, übersichtliches Sinngefüge, in dem nichts Ungestaltetes, Ungeordnetes, Unbestimmtes oder gar Übermächtiges, Namenloses und Unheimliches vorkommt.

Deshalb hätte sich Husserl nie mit den französischen Moralisten wie La Rochefoucauld, Vauvenargues und Chamfort[72] oder auch Kierkegaard und Nietzsche verständigen können, denn sie kämpften alle gegen das philosophische System, um, wie sie glaubten, in losen Gedanken und knappen Aphorismen das Leben besser zu erfassen. Nietzsche lehnte jede Systemphilosophie mit den Worten ab: »Ich misstraue allen Systematikern und gehe ihnen aus dem Wege. Der Wille zum System ist ein Mangel an Rechtschaffenheit.«[73] Kierkegaard verwarf seinerseits die Systemphilosophie, weil sie der menschlichen Existenz nicht gerecht werde: »System und Abgeschlossenheit entsprechen einander, Dasein aber ist gerade das Entgegengesetzte«[74], »ein System des Daseins kann es nicht geben.«[75] Lehnten die einen das philosophische System ab, weil es das menschliche Leben verfehlt, kritisierten es die anderen, weil es die Wirklichkeit nicht so erfaßt, wie sie ist. Mehr als alle diese Einwände wog aber für Husserl die als unerträglich empfundene Vorstellung einer ungeordneten Welt, die nicht mehr unter der Macht der Vernunft stünde.

Deshalb unterscheidet sein ontologisches System zwischen formaler Logik, formaler Ontologie und materialen, regionalen Ontologien. Diese Disziplinen stehen in einem notwendigen Zusammenhang, sind miteinander verbunden und bilden eine einheitliche Ordnung. Ihr Fundament ist die formale Logik, auch Bedeutungstheorie oder apophantische Logik genannt. Sie bezieht sich auf alle Begriffs-, Satz- und Urteilsformen sowie auf die damit verbundenen Geltungsgesetze, nach denen es beispielsweise zur Eigenart jedes Satzes oder Urteils gehört, wahr oder falsch zu sein. Auffallenderweise entwickelt sich nach Husserl das Denkvermögen erst in der formalen Logik, indem es die entscheidenden Grundsätze und Grundbegriffe aus sich selbst schöpfend formt. Das Denken betätigt sich hier jedoch noch nicht als Gegenstände konstituierend, sondern es ermöglicht sich vielmehr erst als die Kraft, überhaupt Urteile zu fällen, Sätze zu bilden, Schlüsse zu ziehen, Wahrheiten auszudrücken.

Davon unterscheidet sich grundsätzlich die formale Ontologie, in der es um die Konstitution von »Gegenstand überhaupt« und den dazu gehörigen formalen Kategorien wie Sachverhalt, Beschaffenheit, Beziehung, Vielheit oder Größe geht. Hier werden keine besonderen Gegenstände, sondern nur allgemeine Kategorien in den Blick genommen, die alle Objekte, seien es Zahlen, Steine oder Bäume, darstellen. Die formale Ontologie behandelt demnach die Bestimmungen, die »zu allen überhaupt möglichen Gegenständen und Gegenstandsgebieten in gleicher Weise, also zugleich gehören.« (Hua XXVII, 18) In dieser Disziplin konstituiert sich das Denken nicht mehr nur als solches, wie in der formalen Logik, vielmehr als Denken von Gegenständen überhaupt.

Dabei zeigt sich die formale Ontologie »als Korrelat« (FtL 94) zur formalen Logik. Das heißt, »die formalen Bedeutungskategorien (sind) wesentlich verflochten mit den formalen gegenständlichen Kategorien. Zum Beispiel ist es apriori klar, daß jeder Satz sich auf Gegenstände bezieht und jeder mögliche Gegenstand Gegenstand möglicher wahrer Sätze ist. Da haben wir also in Beziehung gesetzt ... die Kategorie Satz und die Kategorie Gegenstand.« (Hua XXVIII, 8) Verallgemeinert gesprochen ist »die Wesensverflechtung ... eine solche, daß ... jeder apophantisch-logische Satz ... umgewandelt werden kann in einen formal-ontologischen Satz.« (Hua XXVIII, 9)

Husserl kommt in fast allen Werken sowohl auf formale Logik zu sprechen, welche die allgemeinen Begriffs-, Satz-, Urteils- und Schlußformen untersucht, wie auf formale Ontologie, welche die allgemeinen Wesenszüge von Gegenständen überhaupt beschreibt. Dennoch werden beide Disziplinen nicht weiter dargestellt, die Verbindung beider wird nie richtig aufgezeigt. Es bleibt im dunkeln, woher das Denken die allgemeinen Kategorien für Gegenstände hernimmt.

In dieser Frage ging Kant in seiner *Kritik der reinen Vernunft* weiter als Husserl, denn er leitete aus der Tafel möglicher Urteilsformen Kategorien ab, welche für die Gegenstände möglicher Erfahrung konstitutiv sein sollten. Ähnliche Ableitungen findet man in Cohens *Logik der reinen Erkenntnis*.[76] Am ausführlichsten hat Hans Wagner in *Philosophie und Reflexion* die innere Verbindung zwischen formaler Logik und formaler Ontologie dargestellt und dabei die

Frage nach der Herkunft der formal-ontologischen Kategorien beantwortet. Wagner weist nach, daß die Grundbegriffe der formalen Ontologie nichts weiter als Anwendungen der Grundbegriffe der formalen Logik auf mögliche Objekte der Erfahrung sind.[77] Beispielsweise könne das formal-ontologische Begriffspaar Seinsgrund und Seinsfolge, dem zufolge alles, was es gibt, irgendwie bedingt sei, auf logische Implikation zurückgeführt werden. Danach ist A der bestimmende Grund von B, B notwendige Folge von A. Sobald dieser formal-logische Grundsatz also auf Gegenstände überhaupt angewandt wird, tritt zwangsläufig das formal-ontologische Begriffspaar in Kraft.

Husserl hat diese Abhängigkeiten zwar klar gesehen, aber auf deren restlose Ausarbeitung verzichtet. Statt dessen lenkte er seinen Blick auf die materialen oder regionalen Ontologien, die das Sein in bestimmte Untersuchungsfelder einteilen und deren wichtigsten Grundbegriffe erarbeiten. So gibt es, nach Regionen aufgeteilt, eine Ontologie des Mathematischen, Physischen, Animalischen oder Psychischen. Jede von ihnen hat ihren umgrenzten Gegenstandsbereich, dessen allgemeine Struktur nicht empirisch erfahrbar ist, sondern den Tatsachenerfahrungen als Bedingung zu deren Möglichkeit voraus- und zugrundeliegt. Besondere Aufmerksamkeit schenkte Husserl stets der »Ontologie der Natur« (Hua XXVIII, 172), dem Bereich lebloser, räumlich-zeitlicher Körper, betonte aber zugleich, daß es auch Ontologien gebe »vom personalen Geist, dem individuellen und sozialen, und im Rahmen der Natur nicht nur von bloßen physischen Dingen, sondern auch von Organismen und von psychophysischen ... Realitäten; und nicht nur von alldem, sondern auch von Kulturobjekten.« (Hua XXVII, 18) Jedoch sind seine Ausführungen dazu meistens nur exemplarisch, wenn nicht sogar bloß programmatisch.

Es sollte seinen Schülern vorbehalten bleiben, die angekündigten Ontologien auszuarbeiten. Diese brachen aber fast alle mit dem transzendentalen Ansatz. Ob Hedwig

Conrad-Martius, Roman Ingarden, Edith Stein oder Max Scheler, sie alle lösten die Formal- und Regionalontologien aus dem transzendentalen Rahmen heraus und vertraten einen ontologischen Realismus, dem zufolge die Welt an sich einen kategorial strukturierten Ordnungszusammenhang darstellt. Nicolai Hartmann, der nicht zum Kreis der Phänomenologen zählte, entwickelte sogar die vollständigste Ontologie des 20. Jahrhunderts. Darin heißt allgemeine Kategorienlehre, was Husserl formale Ontologie nannte; spezielle Kategorienlehre, was jener als materiale oder regionale Ontologie bezeichnete.

Viererlei ist für Husserls Ontologie charakteristisch: Zunächst wird darin die Welt als wohlgeordnetes System beschrieben, in dem nichts getrennt, sondern alles miteinander verbunden ist. Die Vorstellung von der Welt als eines unübersichtlichen Chaos ist damit außer Kurs gesetzt und das wohlgeordnete System im absoluten Ich verankert. Auf diese Weise ist jeder erkenntnistheoretische Realismus und damit der Verdacht entkräftet, daß die naturwissenschaftlich beschriebene Natur alles sei, was es gebe. Außerdem gilt in dieser einheitlichen Ordnung das wahrnehmbare Ding unserer Umgebung als Prototyp der Wirklichkeit, die insgesamt ein Schichtengefüge darstellt. So bleibt das unermeßlich weite Universum mit seinen zahllosen Sonnensystemen ausgeblendet; der kosmologischen Bedrohung des transzendental-phänomenologischen Ansatzes, welcher die gesamte Welt auf das absolute Ich bezieht, ist dadurch der Boden entzogen. Schließlich wird die sichtbare Natur als statischer Kausalzusammenhang beschrieben, nicht aber als dynamischer Entwicklungsprozeß wie in den heutigen Naturwissenschaften, in denen Zufall, Unbestimmtheit, Ineinanderwirken von Materie, Bewegung und Kraft geläufige Vorstellungen sind. Husserls Ontologie, die jede Unordnung und Unübersichtlichkeit aus der Welt ausschließt, steht, wie viele Erkenntnislogiken des Neukantianismus, noch auf dem Boden des mechanistischen Weltbildes der klassischen Physik und des metaphysischen Rationalismus, wie er mit den Namen Newton und Leibniz verbunden ist. Nach den wesenhaften Bestimmungen alles Wirklichen fragend, zeichnet Husserl aber nicht nur eine gesetzlich geregelte, unbewegliche Naturordnung, die als solche zufällig und indifferent wäre. Er bietet insgesamt eine Naturansicht, die von der durchgängigen Sinnhaftigkeit des Ganzen ausgeht, in dem somit nichts überflüssig oder nutzlos sein konnte.

Nun sind aber Sinnhaftigkeit und Sinn mehrdeutige Ausdrücke; sie wecken unterschiedliche Assoziationen. Einmal hat das Wort Sinn nur geringe Aussagekraft; es entspricht dann etwa der Wendung »Inhalt möglichen Verstehens«. Im Zusammenhang mit der Frage nach dem Sinn von Leben und Welt bedeutet es jedoch soviel wie Wert und Zweck. Zwischen diesen beiden Bestimmungen stehen zwei mittlere, die mehr als die schwache Bedeutung, aber weniger als die starke ausdrücken. Da ist einmal unser alltägliches Verständnis von Sinn, das sich auf Vertrautheit, Zuverlässigkeit, Lebens- und Weltbehagen bezieht; es bleibt im normalen Alltag eher unauffällig. Sinn schließt hier das ein, was sich von selbst versteht; wenn es das aber nicht mehr tut, dann befindet man sich bereits mitten in einer Sinnkrise. Davon sind Wohlgeordnetheit, Übersichtlichkeit, Anschaubarkeit als weitere Bedeutungen von Sinn unterschieden; das sind Bestimmungen, die Vernünftigkeit und Letztbegründbarkeit zum Ausdruck bringen.

In Husserls Ontologie und Phänomenologie herrscht die letztere Sinnbestimmung vor, daneben spielen aber auch die übrigen eine Rolle. So wird das absolute Ich, auf das alle Phänomene zurückverweisen, auch als sinnstiftende Macht angesehen. Die Dinge erscheinen dem transzendentalen Ego so, wie es sie durch Sinngebung hervortreten läßt. Damit kann dem absoluten Ich nichts wirklich Fremdes, Unbekanntes, Neues begegnen, weil alle Objekte ihren Sinn erst von ihm empfangen. Sinngebung heißt hier also, sich das Fremde als das Eigene anverwandeln. Dabei wird die Welt als übersichtlicher Ordnungszusammenhang vorgestellt, der nicht nur sinnhaft aufgebaut, sondern auch in einem höheren Sinne sinnvoll ist. Husserl lebte, wie man hier wieder spürt, im »feste(n) Glauben an den göttlichen Sinn der Welt und der Menschheit.« (B III, 494) »Sein kann man nur im grossen Glauben – an den Sinn der Welt, an den Sinn eigenen Daseins.« (B IV, 24) Dazu sei aber »der Aufbau einer neuen Philosophie und Wissenschaft (nötig), die uns über den Sinn unseres Daseins und der für uns seienden Welt in letzter Rationalität aufzuklären vermag.« (Hua XXVII, 239)

Dahinter steckt wieder eine klare Absage an den »Naturalismus« (Hua XXVII, 114), dem zufolge die Welt »eine universale tote Tatsache« (ebd.) und der Mensch »ein irgendwie nach Gesetzen ... geregeltes Gemenge von Tatsachen« (ebd.) kurz, »etwas Sinnloses« (ebd.) ist. Im Gegensatz dazu entwickeln Phänomenologie und Ontologie ein Verständnis für »den Sinn der Welt und dadurch die Möglichkeit eines Lebens, das den Charakter eines seiner selbst bewußten absoluten Lebens hat, das lebend den absoluten Sinn der Welt verwirklicht« (ebd. 57) – nicht nur in metaphysischer Theorie, sondern auch in alltäglicher Praxis. So erweiterte Husserl nach und nach »die uns bisher leitende Idee allervollkommenster Erkenntnis ... zur Erkenntnis allervollkommensten Vernunftlebens überhaupt.« (Hua XXVIII, 183)

6.2 Selbstkultur gegen Kulturzerfall

Nach Husserl liegt es im Wesen der Vernunft, »daß sie zur Allherrschaft werden will und werden muß.« (Hua XXVIII, XLIII) Das absolute Ich kann deshalb nicht bei der Charakterisierung der Welt als Vernunftordnung stehen bleiben. Es ist auch zu vernünftiger Selbstgestaltung aufgerufen. Als fühlend-wertendes und wollend-handelndes Vernunftwesen wird unser Ich von der Frage bedrängt: »Wie soll ich mein Leben und Streben vernünftig ordnen...? Wie kann ich mein ganzes Leben zu einem schönen und guten gestalten...?« (Ebd. 11) Hierauf hatte er bereits in den Vorlesungen über Ethik und Wertlehre von 1908, 1911 und 1914 eine Antwort gesucht. Er vertrat die Ansicht, daß die theoretische Vernunft ihr »Analogon« (ebd. 37) in der praktischen habe, die wie jene »unbedingt objektive Geltung« (ebd. 18) anstrebe.

Allgemein verteidigte Husserl in der Ethik den gleichen »Absolutismus« (ebd. 36) wie sonst auch. Dabei stellte er sich wieder gegen den Naturalismus, überzeugt davon, daß die Einschätzung des Menschen als eines bloßen Naturwesens seine moralischen Wertungen in Illusionen verwandeln würde. Dahinter stünden letztlich biologische Realitäten, wie sie sich »in der Entwicklung der menschlichen Spezies im Kampf ums Dasein und dergl. ausgebildet« (ebd. 13) hätten. Das hieße aber, ethischem Relativismus und Skeptizismus das Wort reden, denn falls die moralischen Begriffe allein der menschlichen Natur entstammten, so wären sie auch davon abhängig, und wir tappten wieder einmal in die Fallen des Psychologismus. Wissenschaftlich begründete Ethik erwiese sich wiederum als Illusion, die Idee des Guten als Fiktion. Ethische Geltung würde dann wieder nichts besagen, als daß man unter den biologischen Gegebenheiten nicht umhin könne, diesen oder jenen ethischen Grundsatz anzuerkennen. Die Idee des Guten hinge von der zufälligen Beschaffenheit des Menschen ab und dürfte nicht als etwas »absolut Geltendes« (ebd. 14) angesehen werden. Wir glaubten nach vernünftigen, einsichtigen Gründen zu handeln, und folgten doch nur naturhaften, blinden Ursachen.

Dem gegenüber stand Husserl »auf dem Boden des ethischen Absolutismus«. (Ebd.) Danach sei der Handelnde »in seinem praktischen Verhalten an die ethischen Prinzipien ebenso fest gebunden wie rechnend an arithmetische Prinzipien« (ebd. 15), weil diese uneingeschränkt gültig seien. Er leitete sie aus der Autonomie des absoluten Ich ab, davon ausgehend, daß das wahre Ziel aller Menschen in vernünftiger Selbstbestimmung liege. Hierbei diente die Ontologie seiner Ethik- und Wertelehre als Vorlage. Wie das begriffliche Denken von logischen Gesetzen bestimmt werde, so lägen im wertenden Gemüt ethische Normen und Wertgesetze bereit. Formale Logik und Ontologie haben »ihre genaue Analogie ... in einer formalen Axiologie und Praktik« (ebd. 59), das heißt in einer Werte- und Handlungslehre. »Den formalen Seinsgesetzen sollen parallellaufen die formalen Sollensgesetze.« (Ebd. 18) Wie es eine formale und materiale Ontologie gebe, sei auch eine formale und materiale Ethik möglich, in der die Gesetze der formal-logischen Vernunft ebenfalls gelten müßten, da auch sie aus Begriffen, Urteilen und Schlüssen bestehe. Deshalb spricht Husserl von einer »Allherrschaft der logischen Vernunft« (ebd. 59) oder »Allwirksamkeit der logischen Vernunft« (ebd. 61), die »das gesamte Feld des Erkennbaren überhaupt umspannt« (ebd.). Grundgesetz der formalen Ethik sei ein kategorischer Imperativ: »Tue das Beste unter dem erreichbaren Guten innerhalb deiner jeweiligen praktischen Gesamtsphäre« (Ebd. 142) Imperative dieser Art besagen nicht viel, selbst wenn sie sinnvoll sein sollten, denn sie sagen nicht, was in der individuellen Gesamtsphäre das im einzelnen zu erstrebende Gute und Beste ist. Aber Husserls Ethikvorlesungen von 1908/09, 1911 und 1914 kamen über solche allgemeinen Grundsätze nicht hinaus; er verließ nie den Boden der formalen Ethik. Auch die Vorlesungen von 1920, »Einleitung in die Ethik«, enthalten keine ausführliche Werte- und Güterlehre. Näheres dazu erfährt man bei Nicolai Hartmann[78] und Max Scheler.[79]

Beeinflußt von der Not der Zeit, verlagerte Husserl um 1920 den Schwerpunkt seiner ethischen Überlegungen. Immer seltener begnügte er sich mit nur formal-ethischen Betrachtungen; das Ideal der Selbstgestaltung und Selbstvervollkommnung gewann nun zunehmend für ihn an Bedeutung. Meilensteine dieser Entwicklung sind drei Vorlesungen über Fichtes Menschheitsideal, die er 1917 vor Kriegsteilnehmern hielt und 1918 zweimal wiederholte. Mitten in den »Jahren der tiefsten Demütigung« (Hua XXV, 292) auf ethische Erneuerung hoffend, suchte Husserl Trost in Fichtes populären Schriften *Die Bestimmung des Menschen, Die Anweisung zum seligen Leben* und *Die Grundzüge des gegenwärtigen Zeitalters.*

Kurz nach dem Ersten Weltkrieg fragte er sich, »ob je in der Geschichte ein Volk so schwer krank darniederlag, ob es je eine solche Summe des Elends auf Erden gab.« (B III, 5) Dabei stand der Zweite Weltkrieg noch bevor, aber bereits 1919 schrieb der Philosoph, der zu Unrecht gelegentlich des politischen Desinteresses geziehen wird: »Ringsum tobt Aufruhr, Umsturz, die alte Culturwelt bricht zusammen.« (B II, 77) So stimmte er in den Chor derer ein, die den »Untergang des Abendlandes«[80] voraussahen, gegen den er zugleich mit allen Mitteln kämpfte. Jetzt und in den folgenden Jahren war viel von einem »unerträglich gewordenen Notstand der Vernunft« (Hua V, 96) die Rede; davon, daß der Krieg »alle geltenden Ideen in ihrer Unklarheit und Unechtheit erwiesen« (B III, 12) habe; wodurch »das unsägliche nicht nur moralische u. religiöse, sondern auch philosophische Elend der Menschheit« (ebd. 163) zutage getreten sei. In dieser Zeit der »inneren Haltlosigkeit aus Verzweiflung« (ebd.) brach immer wieder die Frage auf, wo »der allein Heil bringende Gegenstrom moralischer und religiöser Erneuerung« (ebd. 5) bleibe.

Im Übertritt zur katholischen Kirche erblickte er keinen Ausweg, im Gegenteil konnte er über die an die Romantik erinnernde »neukatholische Bewegung mit dem Heer der Convertiten« (ebd. 25), zu denen Edith Stein gehörte und deren Wortführer Max Scheler hieß, nur verständnislos den Kopf schütteln. Er sah darin »ein Zeichen des inneren Elends in den Seelen« (ebd. 214), welches er aber durchaus nachempfand: »Die seit Jahren ruhelos gemarterten Seelen sind von brennender Erlösungssehnsucht erfüllt, sie verfallen trüber Schwärmerei oder suchen Heil in alter und neuer Religion.« (B I, 114) Allerdings glaubte er nur an die »Heilsmächte der Phänomenologie« (B II, 77), an die Macht des absoluten Ich, »eine neue, bessere, selbstlose Menschenwelt aufzubauen.« (B III, 3) »Die Menschheit kann sich nur selbst erlösen u. sie kann das nur, wenn jeder von uns u. für sich die Selbsterlösung vollzieht; wenn wir Einzelne den Mut finden ... (zu) Selbsterklärung, Selbsterkenntnis u. dann Selbstreinigung ... u. von da ... (zu) einer universal verbundenen echten Menschheit.« (Ebd. 218 f.) Formulierungen dieser Art zielen auf Ausgrenzung alles Irrationalen, aber nicht auf gottlose Selbstverherrlichung des absoluten Ich, wie man annehmen könnte. Im Gegenteil betonte Husserl, daß es keinen »anderen Weg zu Gott« (ebd. 162) gebe, als mit Hilfe der autonomen Vernunft eine humane Kultur zu errichten. Er war überzeugt, daß wir auch dazu nur dann Kraft haben, »wenn Gott die Gnade gibt« (ebd. 194).

Doch sowohl seine kirchenferne Religiosität als auch sein Glaube an die autonome Vernunft setzten eine Überwindung des Naturalismus voraus. Solange die Menschen noch dazu neigen, »überall nur Natur zu sehen« (Hua XXVII, 201), »alles Sein überhaupt auf die Natur zurückführen« (ebd. 207), werden sie, so Husserl, weder Kraft noch Möglichkeit finden, die bestehenden Mißverhältnisse zu ändern. Gleichermaßen scherzhaft wie schmerzhaft fragte er in diesem Zusammenhang: »Können die neuzeitlichen Wissenschaften selig machen?« (Ebd. 109) »Sind wir seliger als unsere Vorfahren, da wir drahtlos telefonieren und sprechen können durch Tausende von Kilometern?« (Ebd. 112) Die Antwort war ein klares Nein. In *Formale und transzendentale Logik* liest man, »der Glaube, daß Wissenschaft zur Weisheit führt – zu einer wirklich rationalen Selbsterkenntnis, Welt- und Gotteserkenntnis, durch sie hindurch zu einem wie immer vollkommener zu gestaltenden, einem wahrhaft lebenswerten Leben in Glück, Zufriedenheit, Wohlfahrt usw. – hat ... in weiten Kreisen seine Kraft verloren. Man lebt so überhaupt in einer unverständlich gewordenen Welt, in der man vergeblich nach dem Wozu, dem dereinst so zweifellosen, vom Verstand wie vom Willen anerkannten Sinn fragt.« (FtL 5) Anders formuliert: »Nie war der Menschheit der letztliche Seinssinn der Natur und des Geistes ferner gerückt als jetzt, nach den in ihrer Art so bewundernswerten Leistungen der positiven Wissenschaften.« (Hua XXVII, 243) Dafür sei in erster Linie die Philosophie als autonome Vernunftwissenschaft zuständig. »Aber inzwischen ist auch dieser Glaube in Unechtheit und Verkümmerung hineingeraten« (CM, 6); dennoch und gerade deshalb müsse er aber wieder geweckt werden. Platon und Hegel ähnlich, sah Husserl in den Philosophen »berufene Repräsentanten des Geistes der Vernunft« (Hua XXVII, 54), »Funktionäre der Ewigkeit« (B IV, 276), ein Glaube, auf den man sich besser nicht verläßt.

Bemerkenswert sind seine Beiträge 1923/24 in der japanischen Zeitschrift *The Kaizo* über die notwendige Erneuerung unserer Kultur. Es hänge von der Bereitschaft eines jeden einzelnen ab, sein »individuelles Leben zu einem Vernunftleben zu gestalten.« (Hua XXVII, 4) Dazu sei als erstes nötig, sich von allen sinnlichen Neigungen, alltäglichen Gewohnheiten und überlieferten Traditionen zu befreien. Nur so könne man sein Leben frei gestalten, ihm »die Form ... der Rechtmäßigkeiten oder Vernünftigkeit ... geben.« (Hua XXVII, 26) Denn ein vollkommenes Leben zeichne sich dadurch aus, daß es »in allen seinen Betätigungen voll zu rechtfertigen wäre« (Hua XXVII, 30), weil man sich ständig Rechenschaft über den letzten Sinn seines Tuns gebe. Nur ein solches verdiene »absolut wertvoll« (Hua XXVII, 29) genannt zu werden.

Husserl beschreibt den Weg zu einem solchen Leben in von Augustinus her bekannten Worten. Jener mahnte die Menschen, nicht neugierig die Welt zu erforschen und hochmütig an sie ihr Glück zu hängen, sondern demütig sich in sich selbst zu versenken, da im Inneren die Wahrheit wohne; nur so trete an die Stelle des »alten, äußeren, irdischen«[81] Menschen »der neue, innere und himmlische«.[82] Husserl verweltlichte diese Gedankenfigur zur Warnung, wer »sich an die Welt verliert« (ebd. 38), in »ein naiv reflexionsloses Dahinleben« (ebd. 44) verfällt, der gerate in ein »sündhaftes Weltleben hinein« (ebd. 38). Das »wahrhaft humane Leben« (Hua XXVII, 38) sei dagegen ein »Leben in nie endender Selbsterziehung, ... ein Leben in ... Selbstkultur ... gemäß der ... Idee der praktischen Vernunft.« (Ebd. 39) Erst so werde der Einzelne »zum neuen und echten Menschen, der seinen alten Menschen verwirft.« (Ebd. 43)

Dementsprechend lautete bei Husserl der neue kategorische Imperativ, der stärker als bisher die Eigenverantwortung des Einzelnen vor sich selbst betont: »Sei ein wahrer Mensch, führe ein Leben, das du durchgängig einsichtig rechtfertigen kannst, ein Leben aus praktischer Vernunft.« (Ebd. 36) Damit ist zwar nicht alles gesagt, dennoch das für einen mündigen Menschen wesentliche.

Zu alledem heißt wahrer Mensch werden, zugleich auch »Glied einer wahren Menschheit sein wollen.« (Ebd. 46) »Individualethik« (ebd. 87) und »Sozialethik« (ebd. 46) gehören zusammen, doch führte Husserl letztere noch weniger aus als erstere. Ziel sei ein »wahrhaft humane(s) Weltvolk« (ebd. 59), eine von praktischer Vernunft geleitete »Liebes- und Willensgemeinschaft« (ebd. 120), durch die der Staat allmählich überflüssig werde.[83]

Was soll man von einer solchen Ethik halten? Abgesehen von den Fragen, ob es überhaupt eine absolute Vernunft gibt und ob der Einzelne sein Leben völlig rechtfertigen, selbst nach letztbegründeten Geboten gestalten kann, bleibt doch mehr als fragwürdig, ob sich die Not eines Zeitalters durch eine aus philosophischer Selbstbesinnung erneuerte Vernunftwissenschaft überwinden läßt. Die Vermutung, daß Husserl damit ebenso die Macht der Philosophie überschätzte wie jeden Einzelnen überforderte, ist kaum zu entkräften. Der Glaube, daß wir alle unser Leben nach Regeln der absoluten Vernunft ordnen und eine allumfassende Liebesgemeinschaft bilden könnten, ist eine weltfremde Utopie, die vergißt, daß das Gelingen unseres Daseins von sehr handfesten, massiven Voraussetzungen abhängt. Das sind effiziente Wissenschaft, liberale Freiheits-, politische Teilhabe- und soziale Wohlfahrtsrechte, die von materiellen und ideellen Bedingungen ganz anderer Art abhängen als nur von der Bereitschaft, in allem Wollen und Tun nach absoluter Rechtfertigung zu streben.

Nun blieb Husserl aber bei dieser realitätsfernen Ethik nicht stehen, er bettete sie sogar in eine nicht weniger phantastische Geschichtsphilosophie ein, als ob seit Hegel nichts geschehen wäre, Nietzsche, Burckhardt, Weber gar nicht existiert hätten. Sicherlich ist sein Geschichtsbild, verglichen mit dem Hegels, weniger anmaßend und anspruchsvoll, dennoch beschreibt auch er die abendländische Geschichte als Fortschritts- und Erfolgsgeschehen, dem eine »absolute Zweckidee (Telos)« (Hua XXVII, 118) innewohne.[84] Sie schreite von einem noch unentwickelten Anfang zu einem sinnvollen Endziel fort, einer »Kultur aus freier Vernunft und zuhöchst aus universaler freier Wissenschaft.« (Ebd.) Diese sei bereits von Sokrates und Platon begründet worden, habe im Mittelalter aber ihre Kraft verloren, sich dafür jedoch umso stärker in der Neuzeit entfaltet, in der allerdings erst noch Naturalismus und Relativismus zu überwinden waren. (Vgl. ebd. 61 f.) Diese Geschichtsphilosophie mit der Vernunft als Lokomotive wirkt völlig überholt. Wir können heute so wenig an einen der Geschichte innewohnenden, alle gleichermaßen verpflichtenden Vernunftzweck glauben, wie wir noch annehmen können, daß die Erde Mittelpunkt des Weltalls ist. Die Wirklichkeit, in der wir leben, rechtfertigt solche Vorstellungen nicht mehr. Trotzdem sah sich Husserl gezwungen, das Ganze – Natur, Geschichte, Mensch – von der Vernunft her zu erklären, um nicht alles in heilloses Chaos zu stürzen.

Dabei ging er sogar noch einen Schritt weiter, als er 1921

die Geschichte »das große Faktum des absoluten Seins« (Hua VIII, 506) nannte. Darunter verstand er die Entwicklung der »Gemeinschaft von absoluten Ich« (ebd.), die ihres faktischen Charakters wegen ein großes Rätsel sei, welches »die letzten Fragen ... nach dem absoluten Sinn der Geschichte« (ebd.) hervorrufe. Damit war er wieder bei der Frage nach Gott und dem Sinn der Welt[85]; aber weder jetzt noch später ging er näher darauf ein. Mehr als zehn Jahre danach, 1932, schrieb er an seinen Freund Albrecht: »Die höchstgelegenen aller Fragen, diejenigen, die nicht ohne weiteres jeder Mensch in ihrem eigentlichen, strengen, echten Sinn fassen und verstehen kann, sind aber die metaphysischen; sie betreffen Geburt und Tod, letztes Sein des ›Ich‹ und des als Menschheit objektivierten ›Wir‹, ... transzendentale Subjektivität und ihre transzendentale Historizität, und natürlich als oberstes: das Sein Gottes.« (Hua IX, 84) Jedoch lastete weiterhin ein quälendes, ja, gequältes Schweigen auf diesen Fragen, das sich Husserl selbst auferlegt hatte und nicht einmal in seinen Briefen brach. Diese geben zwar Aufschluß darüber, daß es ihm von Anfang an um Gott und den Sinn der Welt ging, was seine Veröffentlichungen völlig verheimlichen. Aber auch die Briefe weisen an keiner Stelle den metaphysischen Weg dorthin, so sehr sie Husserl selber als gottesfürchtigen Mann ausweisen.

7. Sinnleere in vernunftloser Zeit

Die Sinnkrise der europäischen Kultur drang seit Nietzsches Rede vom Tode Gottes immer tiefer in das allgemeine Bewußtsein ein. Sie bildete seit Erscheinen von Husserls *Philosophie als strenge Wissenschaft* den Mittelpunkt seines Denkens und war auch das eigentliche Thema seiner letzten Schrift aus dem Jahre 1936: *Die Krisis der europäischen Wissenschaften und die transzendentale Phänomenologie.* Diese Arbeit entwickelte sich aus Vorträgen, die er 1935 in Wien und Prag gehalten hatte. Wie bereits von den Büchern zuvor glaubte er auch von diesem, »daß es die wichtigste und in die größten Tiefen reichende Schrift meines Lebens ist.« (B IX, 250) Er nannte sie sogar »die letzte Rechenschaftsabgabe über meine Lebensarbeit, als letztes Ergebnis inneren Zusammenschlusses wohl das Reifste meines Denkerlebens.« (B VII, 226) Trotz intensivsten Einsatzes und Anspannung aller Kräfte konnte er jedoch das gesetzte Ziel, den Abschluß seines letzten Werkes, wie er selbst dachte, nicht erreichen. »Ich kann einfach nicht in Ruhe sterben, wenn ich meine Schrift nicht fertig bekommen kann ... – darum dieser äußerste Kampf um die Gestaltung dieses letzten Werkes, des schwierigsten, das ich je geschrieben. Des schwierigsten in der Darstellung, aber auch in der letzten Zusammenfassung, Systematisierung, Harmonisierung meiner Lebensarbeit von fast 50 Jahren.« (B IX, 128) Allerdings wurde es auch nicht sein letztes Werk, das *Erfahrung und Urteil* heißen sollte.

Sein Mitarbeiter Landgrebe überarbeitete es nach seinem Tode und veröffentlichte es 1938 in Prag.

7.1 Sinnerfahrung und haltloses Schweben

1929 hatte sich Husserl irritiert, erschüttert und enttäuscht von Heidegger abgewandt. Der hatte ihn lange in dem Glauben gelassen, Husserls Philosophie fortzuführen, tat es jedoch nicht. »Er war fast ein Jahrzehnt lang mein nächster Freund, damit ists natürlich zu Ende: Unverständlichkeit schließt Freundschaft aus. Diese Umwendung in der wissenschaftlichen Schätzung und im Verhältnis zur Person war eines der schwersten Schicksale meines Lebens.« (B II, 184) Streng genommen war diese Enttäuschung nicht ganz gerechtfertigt, denn Heidegger war bis dahin nur eigene philosophische Wege gegangen, und wer möchte das einem jungen Philosophen zum Vorwurf machen? Husserl trug selbst dazu bei, daß Heidegger ihn gewissermaßen hinterging, denn er war sich der absoluten Wahrheit seiner philosophischen Ideen zu sicher, als daß er von ihm abhängige Andersdenkende in seiner Umgebung akzeptieren konnte. Sie waren durch ihre Position zum Schweigen oder gar zum Lügen verurteilt. Auch hier zeigt sich, daß es Menschen, die sich im Besitz der alleinigen Wahrheit wähnen, schwerfällt, tolerant und offen zu sein.

Anlaß zum Bruch gab Heidegger allerdings 1933 mit dem Eintritt in die NSDAP und dessen Folgen. Denn nun ging Heidegger Husserl mehr oder minder aus dem Wege. Ende 1935 wurde Husserl, der unter der »Hitlerei« (B III, 97) Deutschlands sehr litt, endgültig die Lehrbefugnis entzogen. »Einmal schon stürzte mich die Politik in eine gefährliche persönliche Krise.« (Ebd. 493) Gemeint sind der Erste Weltkrieg und die dürftigen Jahre danach. Jetzt quälte ihn am meisten, sich nicht mehr Deutscher nennen zu dürfen. »Man haftet mit seinen Wurzeln am Boden, aber schließlich, wenn Wurzel für Wurzel gelockert und herausgerissen wird, liegt man am Boden ganz und gar entwurzelt.« (B IX, 123) Als besonders demütigend empfand Husserl die Anordnung, seine Schriften nicht mehr der deutschen Geistesgeschichte zuzurechnen. »Nur mit dem Brandmal des Jüdischen – denn das soll nach allen Bekundungen des neuen Staatswillens Brandmal der Verächtlichkeit sein – sollen sie fortleben, als ein Gift, vor dem deutsche Geister sich hüten, das ausgerottet werden muß.« (B III, 493)

Bereits 1932 hatte er festgestellt, daß »alles dazu angetan ist uns an der Vernunft und Würde der Menschheit irre zu machen.« (B VII, 122) Deshalb suchte er in dieser Zeit »einer fast durchaus haltlos gewordenen Menschheit« (B IV, 331) die Einsamkeit, um in Ruhe sein Werk zu vollenden. Damals fragte er oft: »Wie kann man die innere Stille, die reine Innenwendung, Weltabgewandtheit, zustande bringen, die zur Philosophie gehört?« (B IX, 94) Dabei erfuhr er, welch »schwerer Kampf um die geschlossene Arbeitszeit und die Ermöglichung einer inneren Gesammeltheit und Stille« (ebd. 97) nötig war. Trotz alledem verlor er nie den Glauben an die Zukunft der Phänomenologie, mit der er ebenso gegen politischen Verfall wie naturalistischen Aufschwung kämpfte.

Husserl, der 1937 auf »5 Jahrzehnte des Ringens um Klarheit« (ebd. 226) zurückblickte, verabscheute bis zuletzt Tiefsinn, Unklarheit, Mangel an nachvollziehbarer Begründung. Alles Chaotische, Dunkle empfand er als sinn- und vernunftlos; es war ihm einfach zuwider, weil es alle festen Sicherheiten aufweichte. Seit *Philosophie als strenge Wissenschaft* kam er darauf immer wieder zu sprechen, sei es in den »Kaizo-Artikeln« oder in *Formale und transzendentale Logik,* aber auch in der Krisisschrift, die sich ausführlicher mit der Not der Zeit befaßte und diese wieder mit den modernen Naturwissenschaften in Zusammenhang brachte. Er beklagte den Verlust an Lebenswert durch das unaufhörliche Streben, alles, was es gibt, auf eine berechenbare Natur zurückzuführen. Indem die Naturwissenschaften nur das als wirklich gelten lassen, was sich mit Hilfe der Mathematik bestimmen läßt, klammern sie die höchsten Fragen nach dem Weltsinn und der absoluten Vernunft aus. Sie fördern dadurch nach Husserl ein Denken, das bei der Suche nach letzten Antworten Gefahr läuft, »in der skeptischen Sintflut zu versinken.« (Hua VI, 12)

Dabei standen Wissenschaftlichkeit und Erfolg der modernen naturwissenschaftlichen Forschung für Husserl fest. Trotzdem ließ er die Frage nach ihrem Wahrheitswert in einem merkwürdigen Dämmerlicht. Die neuzeitliche Entwicklung der Naturwissenschaften bezeichnete er sogar als einen Prozeß zunehmender Sinnentleerung der Wirklichkeit.

Auffälligerweise wurden dabei Sinnhaftigkeit und Wahrnehmbarkeit oder Anschaulichkeit gleichgesetzt, das neuzeitliche Schwinden und Verschwinden von Sinn wurde als Geltungsverlust der Wahrnehmung, des »Urmodus der Anschauung« (ebd. 107), gewertet. Die altbekannte Erfahrung »aus den Augen, aus dem Sinn« erhielt dadurch eine neue, philosophische Bedeutung. Nach und nach sei die Welt des Augenscheins durch naturwissenschaftliche Forschung entwertet worden. Diese bemühe sich allein um jene Prozesse und Strukturen, die hinter den offen wahrnehmbaren Dingen liegen. Begonnen habe diese Entwicklung mit Galilei und Descartes. Deren Unterscheidung primärer Qualitäten wie Form, Größe, Bewegung von sekundären Qualitäten wie Farbe, Klang, Geruch, Geschmack habe den Grundstein für ein Weltbild gelegt, für das die sinnliche Wahrnehmung keine zuverlässige Wahrheitsquelle mehr war. Der Schlüssel zur Wahrheit liege in der Mathematik, und die Buchstaben dieser Sprache sind Dreiecke, Kreise und andere geometrische Figuren.[86] Descartes und Galilei gingen also davon aus, daß der Natur selbst mathematische Bestimmungen innewohnen, und wiesen in diesem Zusammenhang die Wahrheitsansprüche der sinnlichen Wahrnehmung als problematisch zurück.

Husserl stellte den allmählichen Geltungsverlust der Wahrnehmungswerte als zweistufigen Prozeß dar. Zuerst sei die Natur durch anschauliche Figuren wie Kreise oder Dreiecke geometrisiert worden, dann habe man sie arithmetisiert, indem man die anschaulichen Bestimmungen der Geometrie in unanschauliche Formeln übersetzte. Diesen Übergang von der vorwissenschaftlichen Erlebniswelt über die geometrische Anschauungswelt zur arithmetischen Formelwelt nennt er zunehmenden Sinnverlust und eine Form der Naturverstümmelung, an der es ernsthaft Anstoß nahm und die er so nicht hinnehmen wollte.

Er verteidigte die Welt des Augenscheins gegenüber den exakten Vermessungen und Berechnungen der Wissenschaften und weigerte sich, das Sichtbare nur als Oberfläche und Vordergrund der eigentlichen Wirklichkeit anzusehen. Im Gegenteil vertrat er die Auffassung, daß die abstrakten Theorien der Wissenschaft stets auf die vorwissenschaftliche Welt der Wahrnehmung bezogen bleiben und auf ihr ruhen. Dieses Fundament sei im Laufe der Zeit aber immer mehr in Vergessenheit geraten, da die Naturwissenschaften sich nach und nach von ihrer Sinnbasis, der vorwissenschaftlichen Wahrnehmungswelt, gelöst hätten und heute mit überzogenen Geltungsansprüchen im Halt- und Bodenlosen schwebten. Dem gegenüber sei die Abhängigkeit der Naturwissenschaften von der ihnen vorgeordneten Wahrnehmungswelt zu betonen, die Husserl fortan auch Lebenswelt nannte.

Der Ausdruck Lebenswelt ist einer der gebräuchlichsten Begriffe der Gegenwartsphilosophie, dessen Erfolg Husserl zuzuschreiben ist. Bei ihm erscheint er 1917 erstmals (vgl. Hua XXIX, XIII), dann eher beiläufig 1924 in einer Abhandlung über Kant. (Vgl. Hua VII, 232) Jedoch erhielt er den Rang eines Grundbegriffes erst in der Krisisschrift von 1936, auch wenn es ähnliche Bezeichnungen schon zuvor gab. So ist in der Vorlesung »Erste Philosophie«

1923/24 von »Erlebniswelt« (Hua VIII, 158), »Umwelt meines Lebens« (ebd. 160), »erlebte Welt« (ebd. 162) und in Ideen II von »kommunikative(r) Umwelt« (Hua IV, 193) die Rede, Wortkombinationen also, die dem Ausdruck Lebenswelt ähneln. Dessen Erfinder war aber nicht Husserl, sondern vermutlich Georg Simmel, der bereits 1912 davon sprach.[87] 1919 und 1921/22 tauchte dieser Ausdruck auch bei Heidegger auf, der ihn dann aber wieder aus seinem Wortschatz verbannte.[88]

Heute versteht man unter Lebenswelt zumeist die vertraute Welt des Alltags, welcher aus typischen Situationen, eingelebten Verhaltensweisen und bewährten Fertigkeiten besteht, aber auch aus fraglosen Hintergrundüberzeugungen. Unauffälligkeit, Übersichtlichkeit, Selbstverständlichkeit sind für alle diese Bezeichnungen charakteristisch. Nur so können wir uns normalerweise mit einer gewissen Sicherheit im Alltag zurechtfinden.

Darin stimmen die meisten Philosophen der Lebenswelt – seien es Habermas, Blumenberg oder Lübbe – trotz aller Unterschiede überein. Dieses Verständnis von Lebenswelt deckt sich allerdings nicht durchgehend mit dem Husserls, der den Ausdruck unterschiedlich gebrauchte. Dieser würde heute vermutlich nicht die Popularität haben, die er zweifellos besitzt, wenn Husserls Schüler Alfred Schütz ihn nicht in die hermeneutische Soziologie eingeführt hätte.[89] Seither erfreut er sich in den Sozialwissenschaften und der Philosophie großer Beliebtheit. Lebenswelt ist für Schütz nicht nur der Bereich, in dem wir uns aufhalten, verständigen, handeln, sondern auch die Umwelt, welche unser Verhalten und Verstehen ebenso prägt wie trägt. Nun ist Husserl eine solche Vorstellung der Lebenswelt durchaus geläufig, nur ist sie für ihn nicht die einzige, allein maßgebliche. Auch er beschreibt den Einzelnen als Mitglied einer geschichtlich entstandenen »sozialen Welt« (Hua IV, 175) und »Alltagswelt« (ebd. 208), die er mitunter »konkrete Lebenswelt« (ebd. 134, CM 136), auch »Heimwelt« (Hua XV, 627) nannte, unterschied davon aber eine »ursprüngliche Lebenswelt« (EU 49), auf die er das Hauptgewicht legte.

Husserl unterscheidet also jenen Begriff der konkreten Umwelt von der ursprünglichen Lebenswelt. Mit beiden verteidigt er das Eigenrecht der vorwissenschaftlichen Erfahrung und damit eine von der Theorienwelt der Naturwissenschaften unterschiedene Sinnwirklichkeit eigener Art. Hierbei versteht er unter konkreter Lebenswelt wiederum zweierlei: die geschichtlich-gesellschaftliche Alltagswelt mit ihren vielen kulturellen Ausprägungen, Lebensformen und Anschauungen sowie die den Naturwissenschaften vorgeordnete Welt der sinnlichen Erfahrung, in der jene ihr Fundament haben sollen. Erstere bezieht sich auf die Vielzahl unterschiedlicher Weltauffassungen und Weltdeutungen, die es überhaupt gibt, letztere bezeichnet »die Welt, in der wir immer schon leben, und die den Boden für alle Erkenntnisleistung abgibt und für alle wissenschaftliche Bestimmung.« (Ebd. 38) Sie ist die alltägliche Welt der Farben, Töne und Gerüche, welche aus Typischem, Gewohntem und Bekanntem besteht, sich aus zahllosen vertrauten Dingen zusammensetzt, und zu der auch die Menschen gehören, mit denen wir auf ganz unterschiedliche Weise Umgang pflegen. Husserl beschreibt bereits die vorwissenschaftliche Alltagswelt der natürlichen Einstellung als vergessenes Sinnesfundament der Naturwissenschaften, betont aber zugleich, daß sie noch nicht die unterste Schicht der Welterfahrung sei. Diese liegt selbst den konkreten Lebenswelten noch einmal voraus und wird von ihm deshalb ursprüngliche Lebenswelt genannt.

Sie ist das schon häufig besprochene »Universum prinzipieller Anschaubarkeit« (Hua VI, 130), die im absoluten Ich konstituierte Naturwelt sichtbarer Dinge, wie sie oben bereits erläutert wurde, samt ihren unendlichen Innen- und Außenhorizonten, ein räumlich-zeitlicher Kausalzusammenhang materieller Körper. Die ursprüngliche Lebenswelt ist als ein vom absoluten Ich gebildeter Wahrnehmungszusammenhang die Grundschicht aller höheren Sinnbildungen wissenschaftlicher, kultureller und weltanschaulicher Art, die von Husserl deshalb auch »Weltkern« (ebd. 136) genannt wird. Dieser bezeichnet genau die Welt, deren Deutungen und Interpretationen unsere kulturellen Weltbilder und Weltanschauungen sind, wie die naturwissenschaftlichen Welterklärungen und -beschreibungen ihrerseits eben auch nichts anderes als Erklärungen und Beschreibungen sind. Husserl unterschied also zwischen Welt einerseits und geisteswissenschaftlicher und naturwissenschaftlicher Weltauffassung andererseits. Die ursprüngliche Lebenswelt sei jene Welt, welche die Weltanschauungen interpretieren, die Naturwissenschaften aber explizieren. Die einen überformen sie mit Deutungen, die anderen entschlüsseln sie mit Hilfe unanschaulicher Formeln; beide Richtungen bleiben aber an sie gebunden. Bei näherem Hinsehen wird deutlich, daß Husserl die ursprünglich erlebte Welt bereits in Ideen I so charakterisiert hatte, neu ist nur die Bezeichnung Lebenswelt.

Neu ist in diesem Zusammenhang aber die Unterscheidung zwischen vorprädikativer Erfahrung und prädikativer Urteilsbildung. Von der sogenannten statischen Phänomenologie zur genetischen Phänomenologie übergehend, führte Husserl diese schon bald nach Abschluß der Arbeit an den Ideen I ein. Weiter expliziert hat er diese Unterscheidung aber erst in *Erfahrung und Urteil,* auch wenn sie in *Formale und transzendentale Logik* bereits ansatzweise behandelt wurde. Eigentlich wird sie schon in »Analysen zur passiven Synthesis« entwickelt, die Husserl unter der Überschrift »Logik« erstmals in seinen Vorlesungen 1920/21 vortrug. (Vgl. Hua XI)

Gerade diese Untersuchungen beweisen aufs deutlichste, daß Husserl, der das »stumpfsinnige Dasein« (B IV, 95) verabscheute, sich stets »geplagt (hat) wie ein Holzhacker.« (Ebd. 463) Dennoch ist kaum zu verstehen, wie solche Fragestellungen »jenen Arbeitswahnsinn, ohne den bei mir keine Publikation zustande kommt« (ebd. 374), jemals hervorrufen konnten. Auch wenn es stimmen sollte, daß es nie einen bedeutenden Denker gab, der nicht existentiell an seinen Gedanken beteiligt war, so sind doch nicht ohne weiteres derartige innere Leidenschaft und Hingabe verständlich, wie Husserl sie bei seinen spröden Untersuchungen zur genetischen Phänomenologie aufwandte. Wieder einmal möchte man fragen, warum er das, was er schrieb, überhaupt für mitteilungswürdig hielt, warum er nicht statt dessen den Garten bestellte. Tatsache ist doch, daß die meisten es so genau, wie er es darlegt, gar nicht wissen wollen.

Im Unterschied zur statischen Phänomenologie geht die genetische davon aus, daß alle Erkenntnisse einem passiv vorgegebenen Erfahrungsboden entstammen. Gerade diese grundsätzliche Ableitbarkeit und Rückführbarkeit aller vom absoluten Ich konstituierten Dinge kennzeichnen die genetische Phänomenologie als solche.

Allerdings behandelt Husserl in *Erfahrung und Urteil* nur einen Teilbereich möglicher Erkenntnis, die Sphäre prädikativer Urteile und deren Abhängigkeit von vorprädikativen Erfahrungen. Unter prädikativem Urteil versteht man ein Urteil wie »Die Tischdecke ist rot«. In Urteilen dieser Art werden Satzsubjekte prädikativ bestimmt. Das ist banal und wäre nicht der Rede wert, wenn es nicht auch vorprädikative Erfahrung gäbe, weshalb wir prädikative Urteile nur bilden können, weil das darin Geäußerte uns zuvor schon unausdrücklich bewußt war. Beide Formen der Erkenntnis kennzeichnen die konkrete wie auch die ursprüngliche Lebenswelt.

In seiner Darstellung der vorprädikativen Erfahrung unterscheidet Husserl zwischen passiver Vorgegebenheit und aktiver Ichzuwendung. Ohne eigenes Zutun vorgegeben sei uns das jeweilige eigene Wahrnehmungsfeld, aus dem sich normalerweise etwas Bestimmtes heraushebt, ein Geräusch, eine Farbe, ein Gegenstand, das solchen Reiz auf uns ausübt, daß wir uns zu ihm hingezogen fühlen. Danach schenken wir dem Auffälligen geradezu zwangsläufig unsere Aufmerksamkeit, wenden uns ihm zu, betrachten es vor dem Hintergrund der Dinge seiner näheren Umgebung. Das versteht Husserl unter aktiver Ichzuwendung, in der das Ich noch nicht bewußte Urteile bildet, sondern nur ein vorprädikatives Wissen über die Welt erwirbt. Dieses wird erst dann richtig ins Bewußtsein gehoben, wenn man die in passiver Vorgegebenheit erfahrenen und in aktiver Ichzuwendung näher ins Auge gefaßten Dinge begrifflich zu beschreiben sucht. Jetzt erwachsen gleichsam aus dem Boden der vorprädikativen Erfahrung prädikative Urteile, die ausdrücklich in den Blick bringen, was bis dahin eher beiläufig bewußt war. Ziel der prädikativen Urteilsbildung ist objektive Erkenntnis, die ein für allemal und für jedermann zu gelten beansprucht. (Vgl. EU 233, 321)

Wie die prädikativen Wahrnehmungsurteile ruht die gesamte philosophische Logik auf vorprädikativen Erfahrungen. Sie bilden den Untergrund, aus dem alles Logische erwächst und aus dem selbst die allgemeinen Wesenheiten entstehen. Husserl führt dem zufolge auch die formalen Begriffe wie Gleichheit, Verschiedenheit, Ähnlichkeit auf vorprädikative Erfahrungen lebensweltlicher Art zurück. Beispielsweise müssen Gegenstände bereits als ähnlich, gleich oder verschieden wahrgenommen worden sein, bevor Urteile über Gleichheits- und Verschiedenheitsbeziehungen überhaupt möglich sind, aus denen sich dann wiederum so allgemeine Eigenschaften wie Gleichheit, Verschiedenheit, Ähnlichkeit herausschauen oder abstrahieren lassen. Vereinfacht gesprochen heißt das, man muß die Welt schon kennen, um sie erkennen zu können.

Die der Theoriewelt der Wissenschaft zugrundeliegende konkrete und ursprüngliche Lebenswelt bildet sich zunächst in solchen vorprädikativen Erfahrungen, in denen sie sich als reines Wahrnehmungsobjekt erweist. Dieses Gebilde ist als räumlich-zeitlicher Kausalzusammenhang materieller Körper nicht nur kulturinvariantes Fundament unterschiedlicher Weltanschauungen und naturwissenschaftlicher Welterklärungen, sondern zutiefst auch Fundament prädikativer Urteilsbildungen.

In all diesen Untersuchungen betont Husserl die Wahrnehmung als die eigentliche Eingangspforte in die Wirklichkeit. Das bestritt jedoch sein berühmter Schüler Heidegger, nach dessen Ansicht die ursprüngliche Welt zwar auch nicht die Theoriewelt der Wissenschaft, sondern die vorwissenschaftliche Lebenswelt ist, die aber eine Praxiswelt des hantierenden Besorgens darstellt und nicht eine gleichsam objektive Naturwelt der bloß hinschauenden Wahrnehmung. Für Heidegger ist ein Ding ursprünglich ein Gebrauchsgegenstand, der erst nach Einklammerung seiner Gebrauchsbedeutung als Wahrnehmungsgegenstand hervortreten kann. Außerdem ist für ihn die ursprüngliche Welt nicht nur die Welt vorwissenschaftlicher und vorprädikativer Erfahrung, sondern auch die des vorkognitiven Erlebens. Die von uns ursprünglich erlebte Welt sei eine in Stimmungen und durch Befindlichkeiten jeweils anders gefärbt erscheinende Wirklichkeit. Das alles ergab sich aus Heideggers Ersetzung von Husserls Begriff des transzendentalen Subjekts durch den des menschlichen Daseins, dessen Grundbestimmung Sorge um die eigene Existenz sei.

Dieser Übergang vom wahrnehmenden, wesenschauenden Bewußtsein Husserls zum gestimmten, sich sorgenden Dasein Heideggers, vom reinen Ich zur sorgenvollen Existenz ist oft als Fortschritt beschrieben worden. Man sagt, in Husserls Schriften spüre man nichts von der Härte des Lebens, man höre nur von einem sich der Welt gegenüberstellenden absoluten Subjekt, dem der Lastcharakter fehle, der das menschliche Dasein aber zuinnerst präge. Dabei wird für gewöhnlich übersehen, daß Husserl mehr als Heidegger aus Sorge philosophierte, wenn auch nicht wie Heidegger über Sorge. Er kämpfte sogar mit aller Kraft gegen die von Heidegger eindringlich beschriebene Erfahrung angstvollen Schwebens in Halt- und Orientierungslosigkeit.

Heidegger hatte menschliches Leben als ein Dasein beschrieben, in welchem eigene Ungesichertheit und Ungeborgenheit sowie die Sinn- und Bedeutungslosigkeit der Welt notwendig die Grundstimmung der Angst erzeugen müssen. Wann immer diese herrscht, »bleibt kein Halt ..., die Angst läßt uns schweben«[90], und als haltloses Schweben fühlen wir uns hineingehalten »in das Nichts«[91], was soviel wie Aufhebung aller vorgegebenen Sicherheit, Geborgenheit und Orientierung und zugleich Erfahrung der Welt als sinnloser, gleichgültiger Fremde bedeutet. Jean-Paul Sartre und Albert Camus beschrieben später diese Erfahrungen noch eindeutiger und eindringlicher.

Husserl jedoch, der »die Verzweiflung dessen kennengelernt (hatte), den das Unglück traf, in die Philosophie verliebt zu sein« (Hua V, 162), äußerte sich kaum zu solchen Selbst- und Welterfahrungen. Dennoch besteht kein Zweifel daran, daß er sie furchtbar und unerträglich fand. Jeder Leser seiner Briefe erlebt mit, wie er dagegen kämpfte, indem er sich mit dem Schwergewicht seiner ganzen Person dem vorherrschenden Relativismus und Naturalismus entgegenstemmte, und das eben nicht nur aus erkenntnistheoretischen Gründen. Er sah die Menschen in eine tiefe Orientierungskrise stürzen, wenn sich das Angst erregende Bild einer sinn- und vernunftlosen Natur weiter verbreiten sollte. Dabei muß er bereits empfunden haben, was die späteren Existenzialisten als eigentliche Grunderfahrung herausstellten. Im Gegensatz zu ihnen verabscheute er diese Stimmung aber zutiefst und führte sie auf den heillosen Relativismus und Naturalismus der modernen Zeit zurück, dessen Verbündete die heutigen Naturwissenschaften seien.

Hinter Husserls uneingeschränkter Bevorzugung der außerwissenschaftlichen Anschauungs- und Wahrnehmungswelt vor der naturwissenschaftlichen Formelwelt steckt die übertriebene Angst vor dem Naturalismus und zugleich die ungeheure Abneigung gegen ein als sinnlos und gleichgültig empfundenes Weltall. Stets sah er die Gefahr heraufziehen, daß die modernen Naturwissenschaften eine solche Weltsicht verstärken und fördern könnten, und er hatte recht damit. Daher riet er immer wieder aufs neue, die Naturwissenschaften transzendental-phänomenologisch zu bändigen, ihnen einen angemessenen Platz in der Sinn- und Vernunftsphäre des absoluten Ich zuzuweisen. Aber auch nachdem er die Naturwissenschaften in den Binnenraum des absoluten Ich eingeschlossen hatte, bestand sein Mißtrauen ihnen gegenüber fort. Seine Wissenschaftstheorie blieb bis zuletzt zweideutig.

7.2 Atheistischer Weg zu Gott

Husserls gespaltenes Verhältnis zu den modernen Naturwissenschaften tritt ganz besonders im Spätwerk hervor, obgleich seine gesamte Lebensarbeit dadurch mitgeprägt wurde. Einerseits erkannte er die modernen Naturwissenschaften an, andererseits relativierte er sie wieder. Ihre Erfolge wahrnehmend und würdigend, beschrieb er ihre Wahrheit dennoch als abhängig, abgeleitet, sekundär. Quelle echter Wahrheit war für ihn die durch das transzendentale Subjekt geschaffene Lebenswelt. Husserl ordnete Lebens- und Wissenschaftswelt nicht nur als gleichrangig nebeneinander, sondern ordnete die erste der letzteren sogar über. So schwankte er in der Beurteilung der modernen Naturwissenschaften zwischen absoluter und relativer Anerkennung hin und her.[92]

Auch dabei blieb es allerdings nicht, er ging noch einen Schritt weiter, indem er die modernen Naturwissenschaften nicht nur transzendental-phänomenologisch konstituierte und relativierte, sondern teilweise sogar völlig negierte. So durchzieht seine Werke auch eine mehr oder minder versteckte ablehnende Haltung ihnen gegenüber. In der Krisisschrift heißt es, die Welt der modernen Naturwissenschaften bestehe aus physikalischen Idealisierungen, arithmetischen

Gebilden und Formeln, welche die Wirklichkeit in ein Zahlenkorsett zwängten, ihr gewaltsam ein »Ideenkleid« (Hua VI, 52) anlegten, das ihr aber nicht stehe. Dennoch würden diese der Welt des Augenscheins untergeschobenen mathematischen Konstruktionen gewöhnlich »für wahres Sein« (ebd.) genommen, tatsächlich seien sie aber nur eine »Methode« (ebd.), mit der sich die eigentliche Wahrheit jedoch nicht angemessen erfassen lasse. Diese zeige sich nur in unseren vor- und außerwissenschaftlichen Wahrnehmungen. Das wahre Sein sei sichtbar, nicht unanschaulich, wie die mathematischen Formeln es sind. Hier wird die Wahrnehmungs- und Lebenswelt der Wissenschaftswelt nicht mehr nur vor- und übergeordnet, sondern vor allem entgegengesetzt. Dabei kehrte Husserl den wissenschaftstheoretischen Gemeinplatz um, nach dem die mathematische Konstruktion das eigentlich Wirkliche ist, das Sichtbare dagegen nur Akzidenz, illusionärer Vordergrund des wahren Seins der Natur. Dagegen betonte er, daß gerade die wahrnehmbare Welt das wahre Sein zu erkennen gebe, während die mathematischen Konstruktionen eben nur Methode seien.

Diese ungeheure Aufwertung der sinnlichen Wahrnehmung gegenüber den naturwissenschaftlichen Arbeits- und Forschungsprodukten erinnert an Goethes kritische Auseinandersetzung mit Newton, nach dessen Ansicht alle Farben im Licht enthalten sind, während nach Goethe das Licht sie erst hervorbringt. In diesem Streit um die richtige Erklärung der Farben warf Goethe Newton vor, die sinnliche Qualität der Natur aus dem Blick verloren zu haben, indem er ihr fragwürdige Geständnisse mit Folterinstrumenten wie dem Prisma oder Mikroskop abrang, anstatt sie mit bloßem Auge in sich selbst zu betrachten. »Das ist eben das größte Unheil der neuen Physik, daß man die Experimente gleichsam vom Menschen abgesondert hat und bloß in dem, was künstliche Instrumente zeigen, die Natur erkennen, ja, was sie leisten kann dadurch beschränken und beweisen will.«[93] Dieser Ausspruch könnte von Husserl stammen, der auch Wahrheit und Methode einander gegenüberstellte, ja, entgegensetzte; dabei erstere mit konkreten Wahrnehmungen der Lebenswelt, letztere mit abstrakten Theorien der Wissenschaftswelt gleichstellend. Jahrzehnte später griff Gadamer die Unterscheidung von »Wahrheit und Methode«[94] auf, indem er erstere den Geisteswissenschaften, letztere den Naturwissenschaften zuordnete. Wie Husserl die Auffassung vertrat, daß außer den Naturwissenschaften auch die Lebenswelt und unsere Wahrnehmungen darin Wahrheiten enthielten, daß die eigentliche Wahrheit sogar nur in diesen zu finden sei, unternahm Gadamer den Vorstoß, die Geisteswissenschaften und Künste gegen ihre Abwertung durch die Naturwissenschaften in Schutz zu nehmen, jene sogar höher zu stellen als diese. Die Geisteswissenschaften hätten es mit Wahrheit zu tun, jene seien dagegen vor allem Methode.

Die Zuordnung des Wahrheitsbegriffs zu den Geisteswissenschaften und Künsten einerseits, der Lebenswelt und Wahrnehmung andererseits ruft die Frage hervor, welches Maß an Bedeutung unter diesen Gesichtspunkten den Naturwissenschaften überhaupt zukommt. Hierauf geben Husserl und Gadamer keine eindeutige Antwort. Husserl, der in verwirrender Weise zugleich eine anerkennende, aber vorbehaltvolle, halb ablehnende Haltung den modernen Naturwissenschaften gegenüber einnimmt, läßt die Frage nach deren Wahrheitswert weitgehend unbeantwortet.

Nur der naturwissenschaftlich ausgerichteten Psychologie erkennt er eindeutig jeden Wahrheitswert ab. Wie der »physikalische Naturalismus« (Hua VI, 196) im allgemeinen, so sei auch die naturwissenschaftliche Erforschung des Geistes im besonderen absoluter Widersinn, denn das »Seelische, rein eigenwesentlich betrachtet, hat keine Natur ..., keine Gesetze nach Art der Naturgesetze.« (Ebd. 225) Folglich ist eine »Naturalisierung des Seelischen« (ebd.) unmöglich. Damit widersprach er auch Sigmund Freud, dem Begründer der Psychoanalyse, der selbst seine Arbeit als eine Art Naturwissenschaft mißverstand. Tatsächlich kann man bei ihm lesen: »Geist und Seele sind in genau der Weise Objekte der wissenschaftlichen Forschung wie irgendwelche menschenfremden Dinge.«[95] Genau das bestritt Husserl, dessen kritische Auseinandersetzung mit der Psychologie sich durch die ganze Entwicklung seines Denkens von der Habilitationsschrift *Über den Begriff der Zahl* 1887 bis zur Krisisschrift 1936 verfolgen läßt. Immer wieder heißt es, das Psychische könne weder auf das Physikalische reduziert noch in physikalischer Begrifflichkeit analysiert werden. Die Psychologie habe es mit einer Realität ganz eigener Art zu tun, dem menschlichen Bewußtsein in der Vielzahl seiner Bestimmungen. Wie alle anderen Wissenschaften habe auch sie ihren Boden in der transzendentalen Phänomenologie, welche die Grundbegriffe der Psychologie entwickle und ganz allgemein beschreibe, was unsere subjektiven Zustände oder Erlebnisse zu Spezialfällen allgemeiner Begriffe wie Denken, Fühlen, Freuen oder Hassen mache. Allerdings seien die das psychologische Ich beschreibenden Grundbegriffe dieselben, die auch das transzendentale Ich bestimmen. Psychologisches und transzendentales Ich nehmen wahr, denken, fühlen, bewerten; beide Ich sind der Reflexion fähig, besitzen Selbstbewußtsein und ähnliches mehr, so daß der Schluß unvermeidlich ist: »Ich bin ja als transzendentales Ich dasselbe, das in der Wirklichkeit menschliches Ich ist.« (Hua VI, 268) Dennoch sind beide Ich grundverschieden. Das transzendentale Ich ist ein Welt und Sein konstituierendes Subjekt, das psychologische dagegen Teil der Welt und damit konstituiertes Subjekt.

Aber auch wenn Husserl die Frage nach dem Wahrheitswert der naturwissenschaftlich ausgerichteten Psychologie eindeutig negativ beantwortet, so bleibt er in der Bewertung der Naturwissenschaften insgesamt doch eher schwankend.

Solche Unentschiedenheit läßt sich bereits zu Beginn der Neuzeit beobachten, als der Wahrheitsgehalt der sich allmählich durchsetzenden Naturwissenschaften gelegentlich mit Rücksicht auf die christliche Religion vernebelt wurde.

So schwächte beispielsweise der Theologe Osiander, Herausgeber von Kopernikus' Hauptwerk *Der revolutionibus orbium coelestium,* gegen dessen Absicht den Wahrheitsanspruch dieser Schrift ab. Er spielte Kopernikus' Anschauungen, nach denen die Sonne Mittelpunkt des Alls ist und die Erde sich täglich um die eigene Achse und jährlich um die Sonne dreht, zu bloßen Hypothesen herunter, die nicht beanspruchten, wahr zu sein, sondern nur mit den beobachtbaren Erscheinungen übereinstimmen wollten.[96] Ähnlich bemerkte Descartes in *Die Prinzipien der Philosophie,* daß sich die Naturgegenstände zwar besser erklären ließen, wenn man von einer Naturgeschichte ausginge, daß diese Annahme aber »nur ... eine Hypothese«[97] und keine »echte Wahrheit«[98] darstelle, auch wenn sie »mit der Erfahrung übereinstimme.«[99] Nicht zuletzt hat auch Galilei, die kopernikanische Lehre aufnehmend, verschiedentlich darauf hingewiesen, daß es sich bei ihm nur um eine mit den Beobachtungen zusammenstimmende Hypothese handele, nicht aber um wirkliche Wahrheit.[100]

Hier wie dort finden die exakten Naturwissenschaften zwar höchste Anerkennung, der Wahrheitswert ihrer Erkenntnisse bleibt aber unklar. Denn was heißt, das sei bloß eine Hypothese, aber keine Wahrheit?[101] Wie hinsichtlich des Begriffs Methode bei Husserl und Gadamer drängt sich auch hinsichtlich des Begriffs Hypothese die Frage auf, was naturwissenschaftliche Erkenntnisse denn überhaupt wert sind, wenn sie es nicht mit wahrem Sein zu tun haben.

Bei Osiander, Descartes und Galilei hatte das Herunterspielen der Erkenntnisleistung der Naturwissenschaften, wie man weiß, den Sinn, diese als für die christliche Religion der damaligen Zeit ungefährlich zu erweisen. Sie ging davon aus, daß die Erde der stillstehende Mittelpunkt eines von Gott gleich zu Beginn vollständig erschaffenen Weltalls ist. Dagegen verfolgten Husserl und Gadamer geradezu das umgekehrte Ziel, wenn sie durch Herabsetzung der Naturwissenschaften der vorwissenschaftlichen Wahrnehmungswelt, den Künsten und Geisteswissenschaften größere Geltung verschaffen wollten. Wahres Sein wird demnach insbesondere über Wahrnehmung erfahren, die Naturwissenschaften bringen aber vor allem Kunstprodukte der mathematischen Methode hervor, deren Wahrheitswert Husserl unbestimmt ließ, wohl weil er weder sagen möchte, daß sie wahres Sein darstellen, noch daß sie fiktives Sein hervorbringen.

Sowohl diese auffällige Unbestimmtheit als auch die einseitige Bevorzugung der Wahrnehmungswelt sind aber äußerst problematisch. Trotz Husserl herrscht heute weithin ein breiter Konsens darüber, daß die Welt des Augenscheins in vielerlei Hinsicht illusionär, die phänomenologische Umkehrung im Verhältnis von vorwissenschaftlicher Wahrnehmungswelt zur naturwissenschaftlichen Formelwelt unhaltbar ist, selbst wenn es stimmen sollte, daß die Lebenswelt stets den Ausgangspunkt der Wissenschaft bildet und wir uns nur in einer dinghaft aufgebauten Wirklichkeit zurechtfinden können. Gegenwärtig wird oftmals gezweifelt, ob die Fundierung der Wissenschaft von der Philosophie überhaupt zu leisten ist. Schulz oder Quine, viele sind mit diesen der Auffassung, daß die Philosophie nicht mehr dazu in der Lage ist. Schlimmer noch, es wird sogar bestritten, daß die Wissenschaften einer solchen Begründung bedürfen. Hinzu kommt, daß der Erkenntnis- und Wissenschaftstheoretiker Gefahr läuft, den Kontakt zu den Einzelwissenschaften zu verlieren. Tatsächlich ließe sich zeigen, daß Husserl mit seinen Ausführungen zur ursprünglichen Lebenswelt und zu den Grundbegriffen Raum, Zeit und Kausalität einem inzwischen überholten Welt- und Wissenschaftsverständnis das Wort redet. Seine Ansicht von der Natur steht auf der Entwicklungsstufe des mechanistischen Weltbildes, sein Bild des materiellen Dinges trägt sogar antik-mittelalterliche Züge, soweit Husserl es sich als substanzartigen Träger von Eigenschaften vorstellt.

Völlig fragwürdig bleibt aber Husserls Überzeugung,

mit Hilfe der transzendentalen Phänomenologie die Sinnkrise seiner Zeit überwinden zu können. Es ist unerfindlich, wie man eine »halt- und bodenlos gewordene Menschenwelt« (B IX, 220) durch Philosophie in eine klare Orientierungen schaffende Vernunftordnung einbinden kann. Dennoch glaubte Husserl, daß die Philosophie als Ort der sich selbst verwirklichenden Vernunft uns Menschen sagen könnte, wie wir leben sollen. »Nur durch einen neuen Anfang, in heroischem Radikalismus auf die echte Arché aller Erkenntnis, aller Seins- und Sollensgeltungen zurückgehenden Philosophie kann der Menschheit wieder Bodenständigkeit des Daseins, Glauben an sich selbst und an den Sinn der Welt gegeben werden.« (Hua XXVII, 238) Denn betrachte man die Wirklichkeit vom Standpunkt des »Vernunftmenschen, der sich auf sich selbst stellt und nichts gelten läßt, was er nicht letztlich begründet« (B IX, 107), so zeige sie sich als umfassende vernünftige Ordnung, in die nicht nur Mensch und Ding eingebettet seien, sondern in der auch heute ein an vernünftige Einsichten orientiertes Leben möglich sei. Dabei war die Vorstellung von einer vernünftigen Wirklichkeitsordnung für ihn nicht nur die Grundlage für selbstverantwortlich-ethisches Handeln, das sich von Vernunfterkenntnissen statt von Gewohnheiten leiten lasse und den Menschen zu selbständiger Gestaltung seiner Zukunft befähige. Das müsse in vernunft- und sinnlosem Chaos jedoch mißlingen. Der Wirklichkeit eine vernünftige Struktur zu unterlegen, bedeutete für ihn auch, die Welt auf Gott beziehen zu können, was seiner Ansicht nach mit einer ungeordneten Welt kaum möglich wäre.

Dennoch bleibt er in dieser Frage bis zuletzt äußerst zurückhaltend, und man darf bezweifeln, ob sie jemals philosophisch geklärt worden wäre, auch wenn er noch hundert Jahre zu leben gehabt hätte. Andererseits ließ er über die Richtung seines Denkens nie irgendeinen Zweifel aufkommen. Mit dem Schreckensbild des Naturalismus und des abendländischen Kulturzerfalls vor Augen, dabei politische Demütigungen erleidend und erduldend, lebte er im Alter oftmals in der Sehnsucht, »von der allzu menschlichen Erdenschwere los- und emporzuschwingen zu den ewigen Polen.« (B VII, 83) Dennoch mußte er sich aber offen eingestehen: »eine Theologie sei es auch eine ganz allgemeine, habe ich nicht ... Ich wollt' ich wäre so weit!« (Ebd. 88) Da dieses aber nie der Fall war, »schwieg ich mich in meinen Schriften über religionsphilosophische Probleme aus. Doch sind in ihnen ... die Wege vorgebahnt, um zu ihnen hinzuarbeiten.« (B VI, 459) Deshalb konnte Husserl auch schreiben: »Phänomenologische Philosophie als eine im Unendlichen liegende Idee ist natürlich ›Theologie‹. (Für mich sagt das: echte Philosophie ist eo ipso Theologie).« (B VII, 88) Schärfer formuliert: »Für mich ist schließlich die Philosophie mein a-religiöser Weg zur Religion, sozusagen mein atheistischer Weg zu Gott.« (B IX, 124) Jedoch quälte es Husserl insgeheim, daß er »die Gottesfrage, die in der Tat im Systembau der phänomenologischen Methode höchste und letzte Frage« (B VII, 87), nicht mehr endgültig klären konnte.

In seinen letzten Jahren zeigte er sich oftmals des Schreibens und Lebens müde. Eindringlich klagte er, »man hat alle Mühe die Sehnsucht nach dem Tode zu bekämpfen.« (B IX, 129) Trotzdem gab er nie auf: »Ohne relative Klarheit in den höchsten und letzten Fragen kann ich nicht sterben, so sehr ich mich ernstlich und schon seit langem nach der Ruhe sehne.« (Ebd. 124) Allerdings erlangte er jene Klarheit nicht mehr, so deutlich ihm das Ziel auch vor Augen stand, das ihn zur Einwilligung in die Wirklichkeit, wie sie ist, bewegen sollte. Das war überhaupt das höchste Ziel, und so stimmte er über alle unversöhnlichen Gegensätze am Ende doch noch mit Nietzsche überein. Bei diesem kann man lesen: »ich will irgendwann einmal nur noch ein Ja-sagender sein!«[102] Ähnlich Husserl: Die »Alleinheit des Seins umgreifen ..., um endlich Ja sagen zu können, um vom Zentrum des im Allverständnis sich selbst verstehend-vollendenden Ich... dem vordem in der Ziellosigkeit einer unverständlich-sinnlosen Welt verzweifelnden ... Ja sagen zu müssen zum gesamten All bzw. zum eigenen Dasein.« (B VII, 221 f.)

8. Würdigung und Wirkung

Husserl war ein weltentrückter Virtuose der Reflexion, der in der Gestalt des absoluten Ich die Last des Lebens als ein ihm zu schweres Gewand von sich streifte. Zugleich war er aber auch ein von täglichen Sorgen erfüllter, verletzbarer Mensch, der ebenso schwer an seinem Schicksal trug wie auch an dem anderer. Am politischen Geschehen seiner Zeit nahm er regen Anteil. Einsam, mit sich in beständiger Reflexion unterwegs, suchte er gerne die Nähe seiner Familie und die Begegnung mit Freunden. 1928 schrieb er: »Mein einsames Leben erschöpft sich in nüchtern-sachlicher Forschung und doch habe ich ein brennendes Bedürfnis nach menschlichen Beziehungen.« (B IV, 131) Ähnlich heißt es fast zehn Jahre zuvor in einem Brief an Daubert: »Sie thun immer so, als ob mich Menschen nur als Autoren wissenschaftlicher Abhandlungen interessirten u. als ob Sie es nicht verstehen wollten, daß ich Sie gerne zu meinen persönlichen Freunden zählen möchte ... Ich bleibe fest dabei Sie zu meinen Freunden zu rechnen u. überlasse es Ihnen, mich vice versa als Denkmaschine zu bewerten.« (B II, 76)

Husserl war beides, ein weltabgekehrter, reiner Denker und ein weltzugewandter, empfindsamer Mensch, der alles im Leben schwer nahm, das meiste als niederdrückend empfand, sei es die Arbeit, die Verhältnisse der Zeit oder die Beschwerden des Alters, die eine diesen Transzendentalphilosophen empörende Überlegenheit des körperlichen Teils der

Person über den außerweltlichen Teil seines absoluten Ich anzeigten. Aber gerade in der Schwäche der menschlichen Person, ihrer Vergänglichkeit und Sterblichkeit, zeigt sich eine Überlegenheit des Körpers, die das in Husserls Philosophie so starke absolute Ich am Ende doch als schwach erweist. Diese völlige Überlegenheit tritt erbarmungslos im Augenblick des Todes hervor, wenn der Körper das Ich zum Schweigen bringt, ohne sich an dessen angemaßter Absolutheit und Außerweltlichkeit zu stören.

Der hier in Umrissen gegebene Überblick über Husserls sich in mehrere Etappen gliedernde Denkentwicklung zeigt dessen Gesamtwerk auf dem Hintergrund seiner Persönlichkeit und seines gelebten Lebens. Im ganzen wurde deutlich, daß und inwiefern transzendentale Phänomenologie eine Philosophie gegen Relativismus und Naturalismus ist. Diesen beiden Geistesrichtungen kommt heute mehr denn je zuvor erhebliche Bedeutung zu, gegen die aber Husserl schon sehr früh starke Abneigung empfand, die er sogar für die moderne Kulturkrise mit verantwortlich machte. Allerdings begann seine Arbeit ausschließlich mit erkenntnistheoretischen Fragen, die ihn später dazu veranlaßten, den von ihm zunächst vertretenen Realismus zugunsten eines transzendentalen Idealismus aufzugeben. Mit allen Zeichen der Erregung wie mit allen Kräften seines Geistes widersetzte er sich vor allem den Menschen- und Weltbildern, die in Mensch und Welt nicht mehr als nur vergegenständlichte, vernunft- und wertlose Natur sehen können. Dem physikalischen Objektivismus und relativistischen Skeptizismus seiner Zeit setzte er die transzendentale Phänomenologie entgegen, die durch Ausklammern, Sinngeben und Vernunftstiften die Wirklichkeit als in einem absoluten Ich begründeten, übersichtlich gegliederten Ordnungszusammenhang vorstellt, den er bevorzugt als Wahrnehmungshorizont beschreibt. Husserls Philosophie ist immer auch Erkenntnistheorie, das aber nicht allein. Seine Bemühungen, Verworrenes vernünftig zu ordnen, Vorgegebenes anschaulich zu begründen, Auseinanderfallendes einsichtig zu verknüpfen, waren auch dazu bestimmt, Sinn und Orientierung zu stiften. In seinen Schriften kommt zwar fast nichts von seinen Sorgen und Leiden zur Sprache; wir hören darin so gut wie nie von harter Arbeit ums tägliche Leben. Dennoch steht außer Frage, daß die aus seinen Werken sprechende Anstrengung, endgültige Klarheit und letztbegründete Ordnung zu schaffen, auch der Sicherung von Weltvertrautheit und Sinngewißheit des Menschen dienen wollte. Es wäre sonst unverständlich, warum er sich immer wieder aufs neue damit abplagte, eine für jedermann nachvollziehbare Vernunftphilosophie zu entwickeln, die für metaphysische Fragestellungen ebenfalls offen sein wollte, auch wenn sie sich nicht näher damit befaßte, dem Grundsatz gemäß: Worüber man noch nicht reden kann, darüber muß man vorerst schweigen.

Allerdings wird hinter seinem Bemühen, den relativistischen und naturalistischen Umtrieben seiner Zeit einen Riegel vorzuschieben, die Ahnung sichtbar, daß es vielleicht doch keine letzten Maßstäbe gibt, daß Welt und Mensch zuletzt nur sinn- und vernunftlos existieren. Diese Vermutung, welche Husserl schon früh im Innersten quälte und die er später mit der Sinnkrise seiner Zeit gleichsetzte, bekämpfte er sein ganzes Leben lang. So kann man sich des Eindrucks nicht erwehren, daß die transzendentale Phänomenologie mit ihrer übersichtlichen Wahrnehmungs- und geordneten Vernunftwelt die Anstrengung eines denkenden Menschen ist, sich das Ungeheure, Bedrohliche, Furchterregende einer sinnentleerten, wertlosen Wirklichkeit geheuer zu machen. Es war ein angestrengter Versuch, sie gewissermaßen menschenfreundlich zu gestalten, in einen Sinnzusammenhang zu verwandeln, der uns Menschen Besonderheit, Selbständigkeit, Halt und Orientierung gibt. Das erklärt viel, jedenfalls macht es den quälenden Ernst verständlich, mit dem Husserl sich geradezu besessen auf seine teilweise sehr schwierige Arbeit stürzte, anstatt ruhig und heiter die Blumen zu gießen. Dennoch bleibt vieles in seinen Schriften vorläufig, ungeordnet, unklar, nicht zuletzt die Antwort auf die Frage, wie man wirklich davon überzeugt sein kann, daß sich die Sinnkrise unserer Zeit mit Hilfe der phänomenologischen Vernunft, womöglich durch Betrachtung von Gegenständen wie Bäumen und Wesenheiten, etwa der Farbe Rot, meistern läßt. Hierzu erfahren wir nur wenig.

8.1 Zwischen Kosmotheoria und Positivismus

Husserl bezog verwirrenderweise Position zwischen ganz unterschiedlichen Ansätzen der abendländischen Philosophie. Sein Standpunkt ist eine seltsame Mischung aus verschiedenen Ansichten philosophischer Traditionen, deren spannungsvolle Beziehungen zueinander von ihm aber nicht genügend beachtet und auseinandergehalten wurden. Er ging mit seiner transzendentalen Phänomenologie einen mittleren Weg zwischen antiker Kosmotheoria und modernem Positivismus (1), absolutem und logischem Idealismus (2) sowie religiöser Innerlichkeit und existentialistischer Geworfenheit (3). Transzendentale Phänomenologie ist nicht mehr ganz das eine, aber mehr als das andere, nicht mehr Metaphysik, aber mehr als Erkenntnistheorie. Sie ist von einer zweideutigen Dreideutigkeit bestimmt, und das bedeutet im einzelnen:

(1) Transzendentale Phänomenologie ist einerseits der antiken Kosmotheoria verwandt, insoweit sie Sinn mit Sichtbarkeit und Anschaubarkeit gleichsetzt, das Erschauen von Wesen und Ding als Sinnerleben beschreibt, wodurch sie Anschluß an das antike Ideal bewundernder Weltbetrachtung findet. Die alten Griechen sahen im Kosmos ein wohlgefügtes Schmuckgebilde, ein harmonisches, vollkommenes Ganzes, dessen Betrachtung ihnen das höchste Glück des Lebens war. Die Schau des Himmels und der Ordnung innerhalb desselben war für sie nicht nur ein Erlebnis voll-

kommener Sinnfülle, sondern diente auch der Orientierung für ihre Lebensführung. Die Wohlgeordnetheit und vollkommene Schönheit des gestirnten Himmels hatte für Mensch und Gesellschaft Vorbildcharakter, die kosmologische Ordnung besaß handlungsorientierende Kraft. Im Beobachten der Sternenordnung und der Kreisläufe am Himmel wurde also nicht nur vollkommener Sinn erfahren, sondern diese Ordnung empfahl sich auch zur Nachahmung; ihr gemäß sollten Leben und Gesellschaft gestaltet werden.[103]

Für die Griechen war wie für Husserl auch die Welt Kosmos, nicht Chaos, von wahrnehmbarer, sinnvoller Ordnung getragen, darum dem bloßen Hinschauen zugänglich und bereits hierin der Sinnlosigkeit entrückt. Seine Gleichsetzung des Sinnhaften mit dem Anschaulichen und Geordneten, des Sinnleeren mit dem Unanschaulichen, Ungeordneten und seine Hoffnung, die Krise der europäischen Kultur auch durch Betrachtung der Welt des Augenscheins überwinden zu können, stimmt teilweise mit dem antiken Verständnis der Schau des Kosmos überein.

Andererseits bleiben vom »gestirnten Himmel über mir« in der transzendentalen Phänomenologie aber nur noch die wahrnehmbaren Dinge neben mir übrig; das Weltall spielt in der von Gegenständen der näheren Umgebung ausgehenden Philosophie Husserls überhaupt keine Rolle. Schwerer wiegt aber noch, daß die transzendentale Phänomenologie nur die Haltung der Griechen der Natur gegenüber teilt, deren metaphysisches Naturverständnis aber hinter sich läßt. Zugespitzt formuliert, setzt Husserl in die Wahrnehmung von Steinen und Bäumen die gleichen Erwartungen wie die Griechen in die Betrachtung der Kreisläufe der Sterne, aber ohne die griechische Naturmetaphysik fortzusetzen, von der in seiner Philosophie nur noch die positive Grundhaltung weiterlebt. Zwar bedeutet Wahrnehmung für ihn stets mehr als »nur« Wahrnehmung, jedoch ist sie nicht mehr antike Kosmotheoria, aber auch noch nicht moderner Positivismus, mit dem die transzendentale Phänomenologie gleichfalls wenigstens teilweise übereinstimmt.

Sie steht insofern dem metaphysikfeindlichen Positivismus nahe, als auch sie Sinneserfahrungen und Wahrnehmungen als die einzigen festen Grundlagen aller wissenschaftlichen Naturerkenntnis gelten läßt. Für den Positivismus jeder Schattierung ist charakteristisch, alle Aussagen über die Welt auf Sinneswahrnehmungen zu beziehen. Deshalb heißt es, Anfang und Boden der Wissenschaft sei die sinnliche Gewißheit und deren Gegenstand das Wahrgenommene, sinnlich Gegebene; es bilde das Fundament aller Erkenntnis. So gründet auch Husserl die Naturwissenschaft auf Wahrnehmung und bewegt sich damit in einer gewissen Nähe zum modernen Positivismus, der mit Namen wie Carnap, Schlick, Neurath verbunden ist, mittlerweile aber durch wissenschaftstheoretische Ansätze ganz anderer Art überholt wurde, welche vor allem die Sprach- und Theoriegebundenheit aller sinnlichen Beobachtungen herausstellen. Darauf sei an dieser Stelle nicht eingegangen. Hier gilt es nur zu erkennen, daß Husserl durch besondere Gewichtung der Wahrnehmung Berührung mit dem modernen Positivismus zeigt, ohne sich ihm jedoch anzuschließen. Denn im Gegensatz zu dieser großen Geistesströmung des 19. und 20. Jahrhunderts bestreitet er, daß nur die Erfahrungswissenschaften wirkliche Erkenntnisse gewinnen können und hält, anders als sie, an der Philosophie als Grundlagenwissenschaft fest. So ist für die transzendentale Phänomenologie Wahrnehmung einerseits nicht mehr naturmetaphysische Schau des vollkommenen Kosmos, andererseits auch nicht nur wissenschaftliche Aussagen und Theorien absichernde Beobachtung der sichtbaren Wirklichkeit. Einerseits ist sie beides, andererseits ist sie beides aber auch wieder nicht. Genaugenommen liegt ihre Aufgabe zwischen den dargestellten Extremen, woraus sich eine verwirrende Zweideutigkeit ergibt, an die sich eine weitere anschließt.

(2) Im Gegensatz zu den modernen Positivisten glaubte

Husserl, daß die Naturwissenschaften philosophischer Begründung bedürfen. Die leistet für sie die transzendentale Phänomenologie, die also auch und wesentlich Erkenntnistheorie ist. Sie ermöglicht die Erkenntnis nötiger Grundbegriffe, Ideen oder Wesenheiten, deren Geltung vorausgesetzt werden muß, wenn irgendeine wahre Aussage über die Wirklichkeit möglich sein soll. Im absoluten Ich als Inbegriff der Vernunft verankert Husserl diese Bedingungen der Möglichkeit gültiger Erkenntnis wie alles welthafte Sein. Herkömmlicherweise versteht man unter Vernunft die Kraft zu verallgemeinerungsfähiger, notwendiger Einsicht, soweit sich diese auf Welt und Mensch bezieht, ohne der Erfahrung von Welt und Mensch zu entstammen. Alles bewegt sich nach Husserl im geschlossenen Kreis des transzendentalen Ich, das die Geltungsbedingungen und Sinnmöglichkeiten der Erfahrung festlegt. So verstanden ist die transzendentale Phänomenologie den Erkenntnistheorien Kants und der Neukantianer verwandt, wenn auch alle diese Ansätze in den Einzelheiten voneinander abweichen. Wie diese stellt auch sie einen Idealismus dar, nach dem nur das transzendentale Subjekt absolutes Sein besitzt, die reale Welt dagegen als intentionales Sinngebilde von ihr abhängig ist.

In diesem Zusammenhang entsteht in Husserls Philosophie eine weitere Zweideutigkeit. Einerseits wird betont, daß die transzendentale Phänomenologie nur auf die Erkenntnis der Dinge sowie deren Sinn und Geltung gerichtet ist, andererseits wird so getan, als könne das Subjekt die zu bestimmenden Dinge möglicher Erfahrung selbst hervorbringen. Damit rückt die transzendentale Phänomenologie in die Nachbarschaft der Vernunftmetaphysik des Deutschen Idealismus, nach der alles aus einem Absoluten hervorgegangen sei. Folglich bewegt sie sich im Zwielicht von Erkenntnistheorie und Vernunftmetaphysik; sie schwankt hin und her zwischen Hervorbringung gültiger Seinserkenntnis und Erschaffung des Seins. In jedem Falle ist sie mehr als nur erkenntnistheoretischer Idealismus, mag sie auch weniger als vernunftmetaphysischer Idealismus sein, zu dem sie dennoch hinneigt, indem sie die reale Welt als ein vom absoluten Ich abhängiges Sinngebilde vorstellt. So glaubt Husserl zwar nicht wie die Anhänger des Deutschen Idealismus, daß das absolute Ich alle zu betrachtenden Gegenstände und die reale Welt als Vernunftzusammenhang selbst erschaffe, das genaue Gegenteil sagt er aber auch nicht. Es fällt kaum ein Wort von ihm darüber, daß die Gegenstände der Erfahrung nicht nur Konstitutionsprodukte des absoluten Ich sind. Im Gegenteil wird alles, was es gibt, in den Innenraum des absoluten Ich eingeschlossen, womit wir bei der dritten Zweideutigkeit der transzendentalen Phänomenologie angelangt sind.

(3) Transzendentale Phänomenologie ist Philosophie der Innerlichkeit, die einerseits an religiöse Besinnung erinnert, wie wir sie von Augustinus bis Kierkegaard kennen, insofern sie die eigentliche Wahrheit, wenn auch ohne Gott, in der abgeschiedenen »Welt hier drinnen« und nicht in der »Welt da draußen« findet. Besonders nahe kommt sie dabei der religiösen Innerlichkeit, wann immer sie die Menschen zu Weltabkehr und Einkehr in sich selbst anhält. Andererseits bereitet sie aber auch die existentialistische Deutung des Menschen als auf sich selbst zurückgeworfene und in eine fremde Welt hineingeworfene Existenz vor, wenn sie das transzendentale Subjekt, das jeder von uns im Inneren ist, bereits als ein gänzlich auf sich selbst gestelltes Ich und als eine von allem Welthaften unterschiedene Faktizität beschreibt. Das transzendentale Subjekt, dem es überlassen und aufgetragen ist, der Welt eine feste, verbindliche und übersichtliche Ordnung zu geben, gibt ihr eine solche von sich aus. Denken wir uns diese Sinngebungen und Vernunftstiftungen aus der Welt weg, dann bleibt die Wirklichkeit als stumme Fremde zurück. In sie muß sich das auf sich selbst gestellte Ich ausgesetzt fühlen, weil es kein Teil der jeder Vernunft beraubten Natur sein soll, aber in ihr doch existieren muß, soweit es zum in der Welt lebenden Menschen

gehört. Husserls Philosophie, obwohl sie entgegengesetzte Ziele verfolgt, legte diese Überlegungen nahe, welche die Existentialisten dann in der Folge auch weiter ausführten. So bewegt sich die transzendentale Phänomenologie zwischen religiöser und existentialistischer Innerlichkeit; sie ist gewissermaßen noch Nachklang der ersteren und schon Vorbereitung der letzteren, ohne daß sie mit einer der beiden Auffassungen wirklich übereinstimmte.

Die transzendentale Phänomenologie, die den im natürlichen Denken gezogenen realistischen Standpunkt aufhebt, indem sie alles welthafte Sein in konstituierten Sinn verwandelt, steht in der Mitte zwischen allen drei extremen Paaren gegensätzlicher Entwicklungen: antiker Kosmotheoria und modernem Positivismus, idealistischer Vernunftmetaphysik und idealistischer Erkenntnistheorie, Philosophie religiöser und existentialistischer Innerlichkeit. Trotz dieser verwirrenden Mehrdeutigkeit verfolgte Husserl aber nur ein Ziel: Gegen den in seiner Zeit vorherrschenden Relativismus und Naturalismus wollte er die Welt als einen sich auf Letztbegründungen stützenden, übersichtlichen, sinn- und vernunftvollen Ordnungszusammenhang retten. Er sollte als solcher auf Gott beziehbar sein und in seiner Struktur den Anspruch des Menschen auf Sonderstellung berücksichtigen. Denn unser Geist ist darin niemals nur ohnmächtiges Anhängsel des Körpers, sondern stets eine Person, und das transzendentale Ich ist im Menschen ganz und gar nicht Teil dieses Ordnungszusammenhanges, sondern dessen schöpferisches Gegenüber.

Inzwischen hat sich der höchste Anspruch der transzendentalen Phänomenologie, letztbegründete Vernunftwissenschaft, Fundamental- und Universalphilosophie zu sein, als überzogen herausgestellt. Mittlerweile halten viele Husserl nicht mehr nur für einen gescheiten Philosophen, sondern auch einen gescheiterten. Fast verlegen, geradezu ratlos wird gegenwärtig nach dem Unverzichtbaren dieser großartigen Philosophie gesucht, die sich »rein« nur noch auf abgeschirmten Inseln unserer philosophischen Kultur zu behaupten vermag. Genaugenommen folgten aber schon immer nur wenige völlig ihrem Selbstverständnis, obgleich sie zu den erfolgreichsten Geistesbewegungen unseres Jahrhunderts zählt.

8.2 Keine Apostel – nur Apostaten

Husserls Phänomenologie hat zwar weltweit Beachtung gefunden, dennoch fehlten von Anbeginn die Schüler, die ihre ureigensten Anliegen aufgegriffen hätten. Zwar bildeten sich schon früh phänomenologische Zirkel, Arbeits- und Forschergemeinschaften, welche die »Phänomenologische Bewegung« in Gang brachten, wie es auch heute immer noch eine »Deutsche Gesellschaft für phänomenologische Forschung« gibt. Aber nur wenige waren und sind bereit, Husserl ganz zu folgen. Das sollte der ebenso oft gefeierte wie gedemütigte Philosoph noch zu Lebzeiten erfahren, der immer darauf hoffte, »daß eine kraftvollere und reicher begabte junge Generation meine Lebensarbeit übernehmen, meine Wege bessernd ausgestalten und so meinem Streben letztlich Recht geben kann.« (B III, 87)

Im allgemeinen unterscheidet man zwischen Göttinger, Münchener und Freiburger Schülern, wobei viele Göttinger zugleich zum Münchener Kreis gehörten und einige Freiburger zuvor in Göttingen studierten. Das eigentliche Entstehungsjahr der »Phänomenologischen Bewegung« war 1904, als Alexander Pfänder, Moritz Geiger, Adolf Reinach und Theodor Conrad die Münchener Phänomenologengruppe gründeten, zu der dann auch Max Scheler stieß. Einige von ihnen wechselten in den folgenden Jahren nach Göttingen, wo 1907 Theodor Conrad aufs neue einen phänomenologischen Diskussionskreis nach Münchener Vorbild ins Leben rief. Zu den Göttingern aus München gehörten außer Theodor Conrad dessen spätere Frau Hedwig Conrad-Martius, Johannes Daubert, Dietrich von Hildebrand und Adolf Reinach. Andere wichtige Namen sind Winthrop Bell, Wilhelm Schapp, Jean Héring, Fritz Kaufmann, Roman Ingarden, Alexandre Koyré, Hans Lipps, Helmuth Plessner, Kurt Stavenhagen und Edith Stein. Von ihnen sind einige Husserl nach Freiburg gefolgt wie Edith Stein, Fritz Kaufmann und Roman Ingarden. Allerdings waren die berühmtesten Schüler Husserls in Freiburg Martin Heidegger, Oskar Becker, Norbert Elias, Herbert Marcuse, Hans Jonas, Günther Anders, Karl Löwith, Hans-Georg Gadamer, Emmanuel Lévinas. Außerdem studierten Theodor Celms, Franz-Josef Brecht, Paul Ludwig Landsberg, Jan Patocka und Hans Reiner bei ihm; selbst Rudolf Carnap nahm von 1924 bis 1925 an Oberseminaren teil. Jedoch waren Husserls treueste Schüler seine beiden letzten Mitarbeiter Ludwig Landgrebe und Eugen Fink.

So groß die Schülerschaft auch war, so gering war, wie erwähnt, deren Interesse an einer Fortführung seines Lebenswerks. Statt daß man mit seinen Fragen umging, umging man sie lieber, wie Husserl selbst bemerkte. Betroffen stellte er fest, »daß unter den Phänomenologen der Göttinger und Münchener Tradition Niemand mir ernstlich folgte.« (B II, 181) Dasselbe galt »von fast allen Schülern ... der ersten Freiburger Zeit, auch von so berühmten Männern wie Max Scheler und Heidegger.« (B VI, 457) Deshalb sonderte Husserl sich nach und nach von seinen Schülern ab und wurde selbst »zum größten Feind der berühmten Husserlschen phänomenologischen Bewegung.« (B IX, 79) In dieser Zeit, »in der die Existenzialphilosophie zur allbeherrschenden Mode« (B III, 473) wurde, vereinsamte er allmählich; er fühlte sich als »berufener Führer ohne Gefolge.« (B II, 182 f.) Oft beklagte er jetzt »die Vereinsamung des Alters, die wissenschaftliche und persönliche.« (B III, 267) Letztere beschrieb er mit den ergreifenden Worten: »Es ist das Schwerste des eigenen Alters, daß man die liebsten Menschen verlieren muß und immer einsamer dasteht in einer immer fremder werdenden Umwelt.« (B IX, 85) Dennoch verlor er nie den Glauben an seine Philosophie: »Mag jetzt Niemand mitgehen ... – ich bin der Zukunft absolut sicher.« (B III, 279)

Husserls Schriften zogen mit der Zeit nicht nur in Deutschland große Aufmerksamkeit auf sich, sondern auch in anderen Ländern der Welt – Roman Ingarden machte sie in Polen bekannt, Kataro Nishida in Japan, Alfred Schütz in Amerika. Selbst in Rußland wurde Husserl studiert.[104] Am leidenschaftlichsten wurde die Phänomenologie aber in Frankreich aufgenommen, wo sie die größten Erfolge erzielte. Dafür stehen die Namen Jean-Paul Sartre, Paul Ricoeur, Maurice Merleau-Ponty, Emmanuel Lévinas und Jean-François Lyotard oder Jacques Derrida, um nur die wichtigsten zu nennen. So sehr sich alle Husserl verbunden fühlten und die noch Lebenden ihn auch heute aufrichtig schätzen, grundsätzlich versteht sich keiner von ihnen als sein Nachfolger. Die meisten waren tatsächlich weitaus eher Apostaten als Apostel, und wir Heutigen sind es erst recht.

Nun ist es an dieser Stelle unmöglich, die ganze bisherige Geschichte der Phänomenologie darzustellen, die auch andere philosophische Strömungen wie Existenzphilosophie, Anthropologie, Hermeneutik, Sprachphilosophie und Psychologie beeinflußte. Einige Hinweise sollen genügen.

Zuerst sei wieder Heidegger genannt, der an die Stelle des absoluten Ich das durch Sorge gekennzeichnete menschliche Dasein setzte, das mindestens eines mit jenem teilt: Auch es fühlt sich nicht der Natur zugehörig, wie überhaupt bei Heidegger die Natur und mit ihr der menschliche Organismus und Körper weitgehend ausgeblendet sind.

Anders verhält es sich damit bei Sartre und Merleau-Ponty, die stärker noch als Heidegger Husserls absolutes Ich verweltlichten und es an einen Körper gebunden vorstellten. Jedoch kommt der Leib hier hauptsächlich als erlebtes Phänomen vor, nicht aber als wirklicher Organismus mit Nerven und Gehirn, als Stück Natur. Das bleibt auch so bei

Plessner, Hartmann und Cramer, die, wie später Löwith und Jonas, der Existentialphilosophie Heideggers und der Phänomenologie Husserls vorwerfen, die körperliche Seite des Menschen nicht genügend berücksichtigt zu haben.

So sehr aber diese Ansätze auf die naturhafte Abhängigkeit des menschlichen Ich hinweisen, grundsätzlich bleiben selbst sie jener Tradition verhaftet, die das menschliche Bewußtsein allein von seinem Inneren her beschreibt. Dabei wird sowohl das Abstammungsproblem als auch die Frage nach dem Zusammenhang des Bewußtseins mit dem Gehirn übersprungen. Obwohl sich seit dem 19. Jahrhundert der Gedanke durchzusetzen begann, daß der Mensch in einem Jahrmillionen währenden Evolutionsprozeß aus tierischen Formen entstand, findet diese Vorstellung weder in der transzendentalen Phänomenologie noch in der modernen Existenzphilosophie, Philosophischen Anthropologie und ihnen verwandten Geistesströmungen hinreichend Beachtung. Noch weniger wird die Abhängigkeit des menschlichen Ich von genetischen Programmen wie neurophysiologischen Prozessen gesehen und bedacht.

Ähnlich steht es damit in der auch an Husserl anknüpfenden Sprachphilosophie der Gegenwart, die sich meistens aber nur auf seine Bedeutungstheorie in den *Logischen Untersuchungen* bezieht.[105] Natur und Naturwissenschaft kommen hier kaum vor. So beschreibt Strawson in seiner deskriptiven Metaphysik wie Husserl in der transzendentalen Phänomenologie die ursprünglich erfahrene Welt als raumzeitliches System materieller Dinge, bestimmt dieses aber als allgemeine Struktur unseres Begriffssystems, das fest in unserer Sprache liegen soll. Auch Tugendhat ersetzt Husserls absolutes Ich durch die Sprache, wobei er insbesondere die idealistische Annahme der gegenstandsbezogenen Vorstellung kritisiert. Man sei als Dingbewußtsein kein Objekte vorstellendes Subjekt, wie Husserl glaube, sondern Bewußtsein davon, daß sich hier oder dort so und so beschaffene Gegenstände befinden. Die Betrachtung eines Dinges sei keine Subjekt-Objekt-Beziehung, sondern habe die Struktur des Wissens, daß etwas der Fall ist.[106] Auffälligerweise spielen in diesen und anderen sprachphilosophischen Verwandlungen der transzendentalen Phänomenologie Fragen der Naturabhängigkeit des Bewußtseins keine Rolle, wie die Sprachphilosophie überhaupt dazu neigt, die ganze Welt so auf die Sprache zu beziehen wie Husserl alles naturhafte Sein auf das absolute Ego.

Das wird besonders dort deutlich, wo man, von Husserl ausgehend, die Sprache verabsolutiert. Nun gibt es weiter nichts als Sprache, die von sich aus spricht und die einen zweifeln läßt, ob man selbst denkt oder ob es ein anderes ist, das einen denken läßt. Über alles Trennende hinweg stimmen darin so unterschiedliche Philosophen wie der späte Heidegger, Gadamer und Derrida überein, wobei ersterer an die Stelle des absoluten Ich ein sich geschichtlich wandelndes Seinsgeschick, der andere ein sprachlich strukturiertes Überlieferungsgeschehen, letzterer ein differentielles Spiel von Sprachzeichen setzt. Diese Philosophien haben sich alle weit von Husserl entfernt, kommen aber in einem Punkt über ihn nicht hinaus. Das Sein auf diskontinuierliche Sprachspiele oder subjektlos-anonyme Wissensstrukturen zurückführend, blenden sie alle die Übermacht der Natur aus, das Schwergewicht der an sich bestehenden Wirklichkeit, das von Milliarden auseinanderstrebender Galaxien erfüllte physische Weltall, in welchem wir Menschen, von Erbanlagen und Hirnprozessen abhängig, als flüchtige Lebewesen vorkommen.

Allerdings ist Husserls Verwandlung der realen Welt in ein Konstitutionsprodukt auch immer widersprochen worden. Bereits unter den Münchener und Göttinger Schülern erhoben sich kritische Stimmen gegen Husserls transzendentalen Ansatz. Viele verteidigten einen ontologischen Realismus, der von der Erkennbarkeit des Ansichseins der Welt ausging, die als kategorial strukturierter Ordnungszusammenhang vorgestellt wurde. So widersetzten sich Conrad-Martius, Ingarden oder Stein Husserls Wende in die transzendentale Phänomenologie, indem sie an der natürlichen Einstellung des alltäglichen und wissenschaftlichen Erfahrungsbewußtseins festhielten. Aber mochten sie auch im Gegensatz zu Husserl einen phänomenologischen Realismus vertreten, so begriffen doch auch sie die reale Welt als wohlgeordneten Vernunftzusammenhang, bestehend aus den wahrnehmbaren Dingen unserer Umgebung. Das Ganze als kategorial geordneten Systemzusammenhang beschreibend, hielten sie wie Husserl die modernen Naturwissenschaften weitgehend auf Abstand, verstellten gewissermaßen den Blick auf die Naturgeschichte und die unzähligen Milchstraßen des unvorstellbar großen Universums.

Das blieb auch so bei den Phänomenologen der Lebenswelt, Schütz und Gurwitsch, welche die traditionelle Einstellung gleichfalls nicht verließen und den naiven Realismus des Alltagslebens verteidigten.

Anders sieht es damit bei Hartmann aus, der die naturwissenschaftliche Weltauffassung über die alltägliche Weltsicht stellte, überzeugt davon, daß der Alltagsverstand nicht retten kann, was die Wissenschaft als illusionär durchschaut hat. Allerdings wird auch in seiner Philosophie das sich in unermeßliche Fernen hin erstreckende Weltall nicht weiter berücksichtigt. Er entwickelte eine Realontologie, in der wie in allen Philosophien dieser Art die Welt klar und übersichtlich als kategorial geordneter Systemzusammenhang dargestellt wird.

Nun gehören zu Husserls Schülern aber auch einige, die dem unermeßlichen Universum der modernen Naturwissenschaften große Aufmerksamkeit schenken, auf dessen Hintergrund die Vorstellung der Welt als eines wohlgeordneten Vernunftzusammenhangs dann allerdings ihre Plausibilität verliert, das absolute Ich verschwindend klein wird und die idealistische Rückbindung der gesamten Welt auf dieses Ich als verstiegen, geradezu als Wahn erscheint. Zu jenen Schülern Husserls, die das unermeßliche Weltall so nehmen, wie es ist, gehört außer Koyré und Anders insbesondere sein philosophischer Enkel Hans Blumenberg.

8.3 Der Blick aus dem Weltall

Ständig nach absoluter Klarheit und letzter Gewißheit strebend, schrieb Husserl im Sommer 1935 überraschenderweise: »Philosophie als Wissenschaft, als ernstliche, strenge, ja apodiktisch strenge Wissenschaft – der Traum ist ausgeträumt.« (Hua VI, 508) Tatsächlich war er das aber für ihn nicht, wenn er es auch für die meisten von uns heute ist. Wir tun uns schwer mit der Behauptung, daß, wie Husserl befürchtete, dem alles in Beliebigkeit versinkt, der auf die Annahme eines transzendentalen Ich verzichtet, als ob es nur eine Alternative zwischen vernunftphilosophischem Absolutismus und weltanschaulichem Relativismus gebe. Dazwischen liegt immer noch die Möglichkeit der verständigen Beratung. Das ist eine auf überzeugungskräftige Argumentation gerichtete Kunst der Ermittlung des Einleuchtenden und Annehmbaren, wenn auch nicht eine auf strenge Beweisführung hinzielende Wissenschaft endgültiger Wahrheiten.[107] So bleibt abwägendes Augenmaß auch dann noch möglich, wenn die Objektivität letztbegründenden Augenscheins sich als Illusion herausgestellt hat. Der Weg zu mehr oder weniger starken Argumenten, die niemals zwingend oder beweiskräftig sein wollen, sondern höchstens annehmbar, ist jedenfalls immer offen. Gewißheit können sie zwar nicht mehr erreichen, aber immerhin Glaubwürdigkeit. Man erkennt, daß, selbst wenn das letzte Begründungen garantierende absolute Ich nicht existiert, nicht bloße Willkür herrschen muß, sondern in jedem Falle argumentationsgestützte, zustimmungswürdige Antworten möglich sind. Nun spricht tatsächlich mancherlei gegen Husserls Annahme eines absoluten Ich.

Bereits die moderne Ethnologie, die Erforschung fremder Völker, stellt die phänomenologische Vernunftphilosophie in Frage. Nach Lévi-Strauss dient die Begegnung mit fremden Kulturen insbesondere dazu, die eigene »im richtigen Blickwinkel zu sehen.«[108] Zugespitzt formuliert macht die Ethnologie zwar mit fremden Kulturen bekannt, aber mehr noch mit der eigenen – von außen her. Dabei enthüllt sie sich als eine unter vielen anderen und ruft schon dadurch Zweifel an der universalen Geltung der abendländischen Vernunftphilosophie auch Husserlscher Prägung hervor. In der Vergangenheit nahmen bereits Montaigne und Voltaire die europäische Kultur aus den sie verfremdenden Augen der Indianer und Huronen kritisch in den Blick.

Doch stärker noch als die Ethnologie ist die Kosmologie dazu angetan, an den Grundfesten der transzendentalen Phänomenologie zu rütteln. Wieder waren es Montaigne und Voltaire, die schon das Weltall als »Spiegel« beschrieben, »in den wir schauen müssen, um uns im richtigen Winkel zu sehen.«[109] Dadurch entlarvten sie den menschlichen Anspruch auf Wertbesonderheit als haltlose Anmaßung. Wer die Welt nicht nur vom Ich her darstellt, sondern umgekehrt das Ich auch aus der Perspektive der Welt sieht, der wird zu größerer Bescheidenheit gezwungen, wie heute außer Blumenberg[110] insbesondere Nagel und Anders betonen. In diesem Zusammenhang nennt jener »Blick von nirgendwo«[111], was dieser als »Blick vom Mond«[112] kennzeichnet. Der Blick von nirgendwo wird auch mit dem Blick aus dem unermeßlichen Weltall mit seinen zahllosen Sternen und Galaxien auf den die Erde bewohnenden Menschen gleichgesetzt. In dieser Außenperspektive erscheint sie mit uns darauf als »unbedeutender Klecks«, »der auch ohne weiteres nicht hätte sein können.«[113] Ähnlich Anders, nach dessen Urteil »das entscheidende Ereignis der Raumflüge nicht in der Erreichung der fernen Regionen des Weltalls ... besteht, sondern darin, daß die Erde zum ersten Mal die Chance hat, sich selbst zu sehen, wie sich bisher nur der im Spiegel sich reflektierende Mensch.«[114] Dem zufolge war einst die Mondlandung zwar eine Sensation, das wichtigste dabei jedoch der Blick vom Mond auf die Erde. Er machte sichtbar, was man bisher nur ahnte, aber noch nie gesehen hatte, nämlich die Erde als eine »durch die Schwärze des Raums rollende irrelevante Kugel.«[115] Sie sah aus »wie eine nirgendwo verankerte und im Ozean des Raums schiffbrüchig herumschwimmende Boje«[116], welche »vom Dasein des (sie) bekriechenden Menschengeschlechts nicht das Mindeste verriet.«[117] Es braucht kein weiteres Wort darüber verloren zu werden, daß Vorstellungen dieser Art jede Form von Idealismus in eine tiefe Plausibilitätskrise stürzen. Außerdem erschüttern solche Bilder auch die gelegentliche Überordnung der ursprünglichen Lebenswelt über die Wissenschaftswelt oder die Bewertung der wahrnehmbaren Dingwelt unserer Umgebung als eigentliche Wirklichkeit. Kosmologischer Realismus mag aus transzendental-philosophischer Sicht naiv erscheinen, dennoch haben die Naturwissenschaften heutigen Ausmaßes die Voraussetzungen unterhöhlt, aus denen idealistische Ansätze einst ihre Überzeugungskraft gewannen, falls sie diese jemals besaßen. Wir Menschen und unsere Erde scheinen Teil eines sinnlosen Weltalls zu sein, das jeden von uns auf sich zurückwirft und nötigt, den Sinn, den man darin zu finden hofft, erst selbst zu schaffen.

Vor dem Hintergrund solcher Unermeßlichkeit mit Milliarden Galaxien, Wasserstoff- und Heliumbränden verspüren wir, daß mit der Annahme eines absoluten Ich nichts mehr gesagt sein kann. Je größer das Weltall, desto kleiner der Mensch und umso unwahrscheinlicher ein absolutes Subjekt! Husserl wäre nicht der große Denker gewesen, der er war, wenn er das nicht wenigstens geahnt hätte: »Die Welt sei als Kosmos betrachtet: als objektive raumzeitliche Welt, Sternenwelt mit den darunter seienden Erden. Auf unserer Erde ist der Mensch ein ›unbedeutendes‹ Vorkommnis. Ähnlich ist unsere Erde ein geringfügiger Himmelskörper, und so jede Erde im Sternenall ... Der Mensch entwickelt sich auf der Erde ... die menschliche Spezies war einmal nicht. Die Erde selbst war einmal nicht, und jedwede Erde.« (Hua XV, 667) Trotzdem wollte sich Husserl mit einer solchen Sichtweise nicht anfreunden. Immer wendete er Blickrichtung und Gedanken, um die Welt aus der Perspektive des absoluten Ich zu betrachten, dabei das unermeßliche Weltall ausklammernd, vor dessen Hintergrund Erde und Mensch noch nicht einmal Staubkörnchen gleichen und die Annahme eines absoluten Ich lächerlich wirken muß.

Aber nicht nur Ethnologie und Kosmologie stellen die transzendentale Phänomenologie in Frage, sondern auch die biologische Evolutionstheorie. Es ist höchst zweifelhaft, ob »jeder Mensch ein transzendentales Ich in sich trägt« (Hua VI, 190), das nicht zur Natur gehört. Man bedenke nur, daß wir auf einer Erde leben, die sich am Rande einer durchschnittlichen Spiralgalaxie vor ungefähr 4,6 Milliarden Jahren bildete. Darauf entwickelten sich vor 200 Millionen Jahren Dinosaurier, die jedoch vor beinahe 60 Millionen Jahren ausstarben, was vielleicht das Entstehen von Säugetieren begünstigte. Deren Weiterbildung ermöglichte das Emportauchen der ersten Menschenform, Homo habilis, vor nahezu 2 Millionen Jahren. Der frühe Homo erectus und vor 400 000 Jahren schließlich der Homo sapiens in Europa und Afrika sind dessen Erben. Ihre Abkömmlinge sind wir. Die Herauslösung des menschlichen Geistes aus der Natur als vorläufiger Abschluß vermag vor solchen Tatsachen allerdings kaum noch zu überzeugen.

Heute zieht aber nicht nur die biologische Evolutionslehre den ganzen Menschen in den seit Jahrmillionen dauernden Naturprozeß hinein, gegenwärtig wird die Frage nach dem Menschen immer öfter auch mit Hinweis auf das Genom, die Gesamtmenge seiner Erbanlagen, beantwortet, welche man auf 100 000 Gene schätzt. Was uns zu Menschen macht, so heißt es aus der naturwissenschaftlichen Ecke, seien nicht Geistseele, unabhängige Vernunft oder gar ein absolutes Ich, sondern schlicht die DNA-Regionen, in denen sich Primaten und Menschen unterscheiden. Hinzu kommen Vertreter der seit einigen Jahren wieder in den Mittelpunkt philosophischen Interesses gerückten Philosophie des Geistes, um das menschliche Subjekt in erster Linie von neurophysiologischen Prozessen her zu erklären, welche enge Verbindungen des Bewußtseins mit corticalen Vorgängen aufzeigen. Auch ohne an den gegenwärtigen Diskussionen teilzunehmen, scheint einem schon jetzt der Schluß unvermeidlich: Der Mensch ist keineswegs der vornehmste Buchstabe im Buch der Natur, denn es gibt nichts mehr darin, das er als Zeichen für seine Besonderheit und Wichtigkeit noch auf sich beziehen könnte.

Das alles muß für transzendental-phänomenologisch ausgebildete Ohren so provozierend klingen wie für religiös-metaphysisch geschulte. Husserl, der mit dem Naturalismus immer scharf ins Gericht ging, würde hierzu sagen: Das geht entschieden zu weit! Demgegenüber muß aber betont werden, daß nicht schon Mangel an philosophischer Besonnenheit verrät, wer den Naturalismus ernst nimmt und die Ergebnisse der modernen Naturwissenschaften unverkürzt anerkennt. Sicherlich kommt Husserl das Verdienst zu, etwas geschaffen zu haben, über das sich auch heute noch zu streiten lohnt; und gänzlich außer Zweifel stehen sein philosophischer Scharfsinn, seine Originalität und umfassende Bildung. Er hat die Versöhnung der Philosophie mit den Naturwissenschaften mindestens angestrebt und sich darüber hinaus redlich darum bemüht, wenn nicht sogar abgemüht, in Mensch und Welt einen absoluten Sinn zu entdecken und zu sehen. Das alles war nicht unwichtig und soll auch nicht leichtfertig abgetan werden; es verdient uneingeschränkte Hochachtung. Überzeugend als der Wirklichkeit entsprechend scheint das meiste davon aber nicht zu sein.

Trotz aller Bedenken und Vorbehalte ist andererseits aber kaum zu leugnen, daß wir uns auch künftig nur in einer dinghaften Anschauungs- und Gebrauchswelt zurechtfinden können, mag die Wirklichkeit selbst auch nicht so beschaffen sein, wie sie sich unserer Wahrnehmung im täglichen Leben darbietet. Tatsächlich ist für die Welt, in der wir leben, der Nahhorizont von Wahrnehmung für unseren Alltag charakteristisch und absolut wichtig; nicht jedoch das riesenhafte Universum, in das die Wissenschaften eindringen. Dabei ist die Sorge gänzlich unbegründet, der Größenunterschied zwischen der endlichen Wahrnehmungswelt und dem unendlichen Weltall könne unsere Lebenswelt jemals zum Verschwinden bringen. Sicherlich relativiert die moderne Kosmologie unsere Bedeutung und damit die Vorstellung einer Sonderstellung der Erde im All. Andererseits wird beides durch die moderne Kosmologie auch wieder gerettet, wie Anders und Blumenberg nachgewiesen haben.

1. Je klarer es wird, daß sich die stumme, unermeßliche Welt nicht um den Menschen kümmert, desto stärker sieht sich dieser zu Selbstbehauptung gezwungen. Wenn ihn sonst nichts wichtig nimmt, muß er sich selbst wichtig nehmen, auch wenn er es an sich betrachtet gar nicht sein mag. Anders formuliert: Im gleichen Verhältnis, in welchem das Ausmaß der Welt zunimmt, schrumpft zwar die Bedeutung des Menschen an sich, wächst aber die Bedeutung des Menschen für sich, und damit wachsen auch die Anforderungen an unseren Willen zur Selbstbehauptung.
2. Je klarer die ehemals Gottes Herrlichkeit kündenden Himmel im Laufe der Neuzeit als öde Wüsten oder brennende Glutöfen erkannt werden, desto deutlicher sehen wir unsere Erde, den blauen Planeten mit seinen unterschiedlichen Lebensformen als kosmische Ausnahme. Sie bewahrt für uns eine Sonderstellung, auch wenn sie nur eine von unzähligen anderen, uns nicht bekannten Welten sein mag, denn sie scheint der einzige Ort innerhalb des riesenhaften Universums zu sein, der bewußtes Leben ermöglicht hat.

Diese Besonderheit stellen aber die gegenwärtigen Bio- und Neurowissenschaften offenbar schon wieder in Frage, wenn sie das menschliche Ich in Erbprogramme und Hirnströme auflösen, eine empörende Vorstellung für jeden Transzendentalphilosophen. Aber wie weit und wie tief die unserem Willen entzogenen Naturprozesse auch in unser bewußtes Leben hineinreichen mögen, sie nehmen dem einzelnen Menschen nichts ab von der Last des Lebens, auch wenn sie der Annahme eines absoluten Ich die Grundlage entziehen. Das heißt, die Entwertung des Menschen zu einem weitgehend ohnmächtigen Produkt von Naturereignissen bedeutet für ihn nicht die Entlastung von der Sorge um sich. Die uns beherrschenden Gene und Neuronen entlasten uns aber auch nicht von der Antwort auf die Frage, als was wir verstanden werden möchten und wie wir unser Leben führen wollen. Trotz aller Abhängigkeit von ihnen können wir in Fragen des Alltags wie auch der Wissenschaft oder des guten und gerechten Lebens bei ihnen niemals Rat einholen, sondern bleiben stets auf eigene Klugheit und Urteilskraft angewiesen. Ohne absolutes Ich sind wir zwar auch nicht mehr zu absoluter Erkenntnis fähig, aber immerhin noch zu stimmigen, triftigen, vertretbaren Antworten imstande.

Im Ergebnis heißt das: Wir Menschen sind, kosmologisch gesehen, zwar unerheblich, wir müssen aber uns und unser Dasein ernst nehmen, um einigermaßen leben zu können. Wir Erdenbürger sind, bio- und neurowissenschaftlich betrachtet, vermutlich abhängiger, als wir heute bereits zugeben wollen, wir müssen aber trotzdem unser Leben führen, und dabei können uns nur erwägende Klugheit und abwägende Urteilskraft helfen. Keine Macht der Welt nimmt uns die Last der Selbstbeschreibung, Standortbestimmung und Lebensentscheidung ab.

Nach alledem scheint die transzendentale Phänomenologie Husserlscher Prägung, was ihre höchste Bestimmung angeht, erledigt zu sein. Das, wofür sie stand, ist es aber nicht – ein auf Sinnerfüllung bedachtes Leben in aufgeklärter Selbstbesinnung, Selbstverantwortung und Selbstachtung. Ein derartiges Dasein ist nicht bereits dadurch gefährdet, daß wir vermutlich keine höheren Vernunftwesen in einer besonderen Vernunftordnung sind, sondern nur bedürftige, sorgenvolle Lebewesen innerhalb eines Weltalls ohne Sinn. Ganz im Gegenteil! Nicht nur die absolute Vernunft und das transzendentale Ich verbieten jedes rohe Verhalten uns selbst und anderen gegenüber. Falls es beides wirklich nicht geben sollte, dürfen wir erst recht nicht mit uns machen, was wir wollen. Gerade dann schulden wir uns Selbstachtung und gegenseitige Anerkennung, weil jetzt nur noch sie unserer gemeinsamen Welt Sinn und unserem Leben Würde geben können.

Anmerkungen

1 Kant, *Kritik der reinen Vernunft,* A XIX
2 Voltaire, *Candide,* in: ders., *Romane und Erzählungen,* München 1969, S. 286
3 F. Nietzsche, *Kritische Studienausgabe,* Bd. 3, München/Berlin/New York 1980, S. 481
4 F. Nietzsche, *Der Wille zur Macht,* Stuttgart 1964, S. 352
5 Aristoteles, Met. I, 1005 b 17-18
6 Aristoteles, Met I, 1006 a 4-5
7 B. Bolzano, *Wissenschaftslehre,* Erster Band, Leipzig 1929, S. 59
8 Ebenda, S. 81
9 Ebenda, S. 112
10 G. Frege, *Logische Untersuchungen,* Göttingen 1986, S. 50
11 Ebenda, S. 43 f.
12 Vgl. N. Hartmann, *Metaphysik der Erkenntnis,* Berlin 1965
13 F. Brentano, *Philosophie vom empirischen Standpunkt,* Erster Band, Hamburg 1973, S. 28
14 Ebenda
15 Aristoteles, *Lehre vom Satz,* Erstes Kapitel, Hamburg 1974, S. 95
16 Vgl. H.-G. Gadamer, *Wahrheit und Methode,* Tübingen 1975
17 Vgl. E. Tugendhat, *Vorlesungen zur Einführung in die sprachanalytische Philosophie*, Frankfurt/M. 1976
18 Vgl. J. Derrida, *Die Stimme und das Phänomen,* Frankfurt/M. 1979
19 Vgl. F.J. Wetz, *Lebenswelt und Weltall,* Stuttgart 1994, S. 163 ff.
20 Brentano (Anm. 13), S. 125
21 Ebenda, S. 136 f.
22 Vgl. Tugendhat (Anm. 17)

23 D. Hume, *Abriß eines neuen Buches betitelt: Ein Traktat über die menschliche Natur,* etc. (1740), Hamburg 1980, S. 47
24 G.W.F. Hegel, *Differenz des Fichteschen und Schellingschen Systems der Philosophie,* Hamburg 1962, S. 8
25 Kant (Anm. 1), B XXX
26 Ebenda
27 Ebenda, B 22
28 Ebenda, B XXXVI
29 Ebenda, B 22
30 Ebenda, B XXXVII
31 W. Dilthey, *Einleitung in die Geisteswissenschaften. Gesammelte Schriften* 1, Göttingen 1979, S. 358
32 W. Dilthey, *Weltanschauungslehre. Gesammelte Schriften 8,* Stuttgart 1962, S. 194
33 Ebenda
34 Vgl. P. Bieri (Hg.), *Analytische Philosophie der Erkenntnis,* Frankfurt/M. 1992, S. 54 ff.
35 E. Haeckel, *Die Welträtsel,* Leipzig 1918, S. 11
36 H. Hahn/O. Neurath/R. Carnap, *Wissenschaftliche Weltauffassung. Der Wiener Kreis,* Wien 1929, S. 15
37 S. Freud, *Werkausgabe in zwei Bänden,* Bd. 2, Frankfurt/M. 1978, S. 349
38 Vgl. zur neuzeitlichen Entstehung und Entwicklung des Begriffes Lebens- und Welträtsel Wetz (Anm. 19), S. 196-207
39 Vgl. H. Blumenberg, *Beiträge zum Problem der Ursprünglichkeit der mittelalterlich-scholastischen Ontologie.* Dissertation, Kiel 1947
40 Vgl. K. Löwith, Schöpfung und Existenz, in: ders., *Wissen, Glaube und Skepsis,* Göttingen 1962, S. 68 ff.
41 M. Heidegger, *Sein und Zeit,* Tübingen 1977, S. 28
42 Fichtes Werke I, *Zur theoretischen Philosophie,* Berlin 1971, S. 92
43 A. Gehlen, *Urmensch und Spätkultur,* Hamburg 1986, S. 259
44 Vgl. W. Schulz, *Ich und Welt. Philosophie und Subjektivität,* Pfullingen 1979
45 Vgl. J. Mittelstraß, *Die Rettung der Phänomene,* Berlin 1962
46 Vgl. R. Descartes, *Meditationes de prima philosophia,* Hamburg 1977, S 144
47 Augustinus, *Theologische Frühschriften,* Zürich 1962, S. 487
48 Fichtes Werke 1 (Anm. 42), S. 422

49 S. Kierkegaard, *Der Einzelne,* Frankfurt/M. 1990, S. 32 f.
50 Hartmann (Anm. 12), S. 169
51 Ebenda
52 F.W.J. Schelling, *Ausgewählte Schriften,* Bd. 5, Frankfurt/M. 1985, S. 660
53 Ebenda, S. 697
54 Ebenda
55 Ebenda, S. 585
56 Ebenda, S. 609
57 P. Natorp, *Philosophische Systematik,* Hamburg 1958, S. 22
58 M. Heidegger, *Gesamtausgabe. Wegmarken,* Bd. 9, Frankfurt/M. 1976, S. 307
59 Fichtes Werke 10, *Nachgelassenes zur theoretischen Philosophie II,* Berlin 1971, S. 344
60 Vgl. R. Hönigswald, *Die Grundlagen der Denkpsychologie,* Darmstadt 1965, S. 196 f.
61 Vgl. Heidegger (Anm. 41)
62 Vgl. F.J. Wetz, *Das nackte Daß. Zur Frage der Faktizität,* Pfullingen 1990
63 Vgl. etwa D. Henrich, *Fluchtlinien,* Frankfurt/M. 1982; Schulz (Anm. 44); E. Lévinas, *Totalität und Unendlichkeit,* Freiburg/München 1987
64 Vgl. K. Held, *Lebendige Gegenwart,* Den Haag 1966
65 Ebenda, S. 81
66 Ebenda
67 Vgl. E. Fink, *VI. Cartesianische Meditation,* Teil 1 und 2, Dordrecht/Boston/London 1988
68 Vgl. M. Theunissen, *Der Andere,* Berlin 1981; Lévinas (Anm. 63)
69 Vgl. Gadamer (Anm. 16); Derrida (Anm. 18); J.-F. Lyotard, *Der Widerstreit,* München 1987
70 Vgl. etwa W. Schapp, *In Geschichten verstrickt,* Wiesbaden 1976
71 Vgl. etwa C.S. Peirce, *Schriften zum Pragmatismus und Pragmatizismus,* Frankfurt/M. 1991
72 Vgl. F. Schalk (Hg.), *Die französischen Moralisten,* Leipzig 1938
73 F. Nietzsche, *Kritische Studienausgabe,* Bd. 6, München/Berlin/New York 1980, S. 63
74 S. Kierkegaard, *Philosophische Brosamen und Unwissenschaftliche Nachschrift,* München 1976, S. 252
75 Ebenda, S. 241

76 Vgl. H. Holzhey, *Cohen und Natorp 1,* Basel/Stuttgart 1986, S. 264 f.
77 Vgl. H. Wagner, *Kritische Philosophie,* Würzburg 1980, S. 31 ff.
78 Vgl. N. Hartmann, *Ethik,* Berlin/Leipzig 1935
79 Vgl. M. Scheler, *Der Formalismus in der Ethik und die materiale Wertethik,* Bern 1954
80 O. Spengler, *Der Untergang des Abendlandes,* München 1988
81 Augustinus (Anm. 47), S. 443
82 Ebenda, S. 445
83 Vgl. K. Schuhmann, *Husserls Staatsphilosophie,* Freiburg/München 1988
84 Vgl. P. Janssen, *Geschichte und Lebenswelt,* Den Haag 1970
85 Vgl. L. Landgrebe, *Faktizität und Individuation,* Hamburg 1982, S. 38 ff.
86 G. Galilei, The Assayer (Il Saggiatore), in: *The Controversy on the Comets of 1618,* Philadelphia 1960, S. 183
87 Vgl. R. Welter, *Der Begriff der Lebenswelt,* München 1986, S. 13
88 Vgl. M. Heidegger, *Gesamtausgabe. Zur Bestimmung der Philosophie,* Bd. 56/57, Frankfurt/M. 1987; *Phänomenologische Interpretationen zu Aristoteles. Einführung in die phänomenologische Forschung,* Bd. 61, Frankfurt/M. 1985, S. 96, 146, 172
89 Vgl. A. Schütz/Th. Luckmann, *Strukturen der Lebenswelt,* Bd. 1 und 2, Frankfurt/M. 1979/84
90 Heidegger (Anm. 58), S. 112
91 Ebenda, S. 115
92 Vgl. Wagner (Anm. 77), S. 397 ff.
93 J.W. Goethe, Brief vom 22. Juni 1808 an Zelter, in: A. Schöne, *Goethes Farbentheologie,* München 1987, S. 134
94 Gadamer (Anm. 16)
95 S. Freud, Studienausgabe Bd. 1, Frankfurt/M. 1982, S. 587
96 Vgl. N. Copernicus, *Das neue Weltbild,* Hamburg 1990, S. 61 ff.
97 R. Descartes, *Die Prinzipien der Philosophie,* Hamburg 1965, S. 80
98 Ebenda
99 Ebenda, S. 81

100 Vgl. G. Galilei, *Siderius Nuncius. Nachricht von neuen Sternen*, Frankfurt 1980

101 Vgl. Mittelstraß (Anm. 45)

102 F. Nietzsche, *Kritische Studienausgabe*, Bd. 3, München/Berlin/New York 1980, S. 521

103 Vgl. Platon, *Timaios* 47 c

104 A. Haardt, Phänomenologie und strukturelle Sprachanalyse bei Gustav Spêt. Zur russischen Husserl-Interpretation der zwanziger Jahre, in: *Phänomenologische Forschungen* 21 (1988), S. 167 ff.

105 Vgl. M. Dummett, *Ursprünge der analytischen Philosophie*, Frankfurt/M. 1988

106 Vgl. Tugendhat (Anm. 17)

107 Vgl. Wetz (Anm. 19), S. 275-325

108 C. Lévi-Strauss, *Traurige Tropen*, Frankfurt/M. 1978, S. 379

109 M. de Montaigne, *Essais*, Zürich 1953, S. 196

110 Vgl. H. Blumenberg, *Die Genesis der kopernikanischen Welt*, Frankfurt/M. 1981

111 T. Nagel, *Der Blick von nirgendwo*, Frankfurt/M. 1992

112 G. Anders, *Der Blick vom Mond*, Frankfurt/M. 1994

113 Nagel (Anm. 111), S. 108

114 Anders (Anm. 112), S. 12

115 Ebenda, S. 61

116 Ebenda, S. 59

117 Ebenda, S. 65

Literatur

Schriften von Edmund Husserl

Husserls gesamtes Schriftwerk, das seine von ihm selbst veröffentlichten Bücher wie auch die Manuskripte aus dem Nachlaß umfaßt, wird vom Husserl-Archiv (Löwen) in Verbindung mit Rudolf Boehm unter Leitung von Samuel Ijsseling als kritische Editionsreihe *Husserliana – Edmund Husserl, Gesammelte Werke,* Den Haag 1950 ff., von unterschiedlichen Herausgebern publiziert. In dieser Reihe sind bis heute 28 Bände erschienen. Die Ausgabe ist noch nicht abgeschlossen.

Dann wurde 1993 ebenfalls als *Husserliana – Edmund Husserl, Briefwechsel in zehn Bänden* unter Leitung von Samuel Ijsseling vom Husserl-Archiv (Löwen) die gesamte Korrespondenz Husserls, soweit sie erhalten blieb, durch Karl und Elisabeth Schuhmann herausgegeben.

Außerhalb der *Husserliana* (Werke und Briefe) erschienen 1992 in Hamburg als *Gesammelte Schriften – Edmund Husserl,* hg. von Elisabeth Ströker, seine wichtigsten Werke in acht Bänden mit einem Zusatzband von E. Ströker, *Husserls Werk und Register.*

Außer den schon bei der Erläuterung der Siglen am Anfang des vorliegenden Bandes angegebenen Studienausgaben sind noch folgende zu nennen:

Die Konstitution der geistigen Welt. Text nach Husserliana IV, Hamburg 1984.

Die Phänomenologie und die Fundamente der Wissenschaften. Text nach Husserliana V, Hamburg 1986.

Die Krisis der europäischen Wissenschaften und die transzenden-

tale Phänomenologie. Text nach Husserliana VI, Hamburg 1982.
Texte zur Phänomenologie des inneren Zeitbewußtseins. Text nach Husserliana X, Hamburg 1985.
Fünfte logische Untersuchung. Über intentionale Erlebnisse und ihre Inhalte. Text nach der 1. Auflage von 1901, Hamburg 1975.
Die phänomenologische Methode. Ausgewählte Texte I, Stuttgart 1985.
Phänomenologie der Lebenswelt. Ausgewählte Texte II, Stuttgart 1986.

Schriften über Edmund Husserl

Edmund Husserl ist einer der am meisten interpretierten und gewürdigten Philosophen unseres Jahrhunderts, zu dessen Werk es zahlreiche Einführungen, Gesamtdarstellungen und fast zahllose Spezialuntersuchungen gibt.

Bemerkenswerte Arbeiten der älteren Zeit stammen von W. Szilasi, *Einführung in die Phänomenologie Edmund Husserls,* Tübingen 1959; A. Diemer, *Edmund Husserl. Versuch einer systematischen Darstellung seiner Phänomenologie,* Meisenheim a. Glan 1965; L. Landgrebe, *Der Weg der Phänomenologie,* Gütersloh 1963. Zu den neueren gehören P. Janssen, *Edmund Husserl. Einführung in seine Phänomenologie,* Freiburg/München 1976; W. Marx, *Die Phänomenologie Edmund Husserls. Eine Einführung,* München 1987. Sie sind alle solide gearbeitet und dürfen auch heute noch als lesenswert gelten. Jedoch reden sie oftmals sehr mit der Stimme Husserls, bleiben zu dicht an seiner Sprache und erschweren dadurch dem Leser den Zugang zur Phänomenologie. Das gleiche gilt auch von zahlreichen anderen Büchern zu Husserl, sei es E. Ströker, *Husserls transzendentale Phänomenologie,* Frankfurt/M. 1987, oder R. Bernet/I. Kern/E. Marbach, *Edmund Husserl – Darstellung seines Denkens,* Hamburg 1989. Diese sonst empfehlenswerten Arbeiten, die einen guten Einblick in die phänomenologische Methode und einen hilfreichen Überblick über die phänomenologischen Themen geben, eignen sich wie viele andere dennoch kaum als Einführungen in Husserls Philosophie. Aber wer Husserl bereits verstanden hat, liest sie mit Gewinn.

Zu den aktuellen Einführungen in sein Werk gehören P. Prechtl, *Husserl zur Einführung,* Hamburg 1991, und E. Ströker, *Husserls Werk,* Zusatzband zur Ausgabe der *Gesammelten Schriften,* Hamburg 1992. Beide Bücher machen mit Husserls besonderer Begrifflichkeit und der Entwicklung seines Denkens auf verständliche Art und Weise vertraut. Außerdem sind K.-H. Lembeck, *Einführung in die phänomenologische Philosophie,* Darmstadt 1994, und B. Waldenfels, *Einführung in die Phänomenologie,* München 1992, zu nennen. Diese beiden Veröffentlichungen entwickeln mehr als nur die Grundgedanken seiner phänomenologischen Philosophie. Während Lembeck Husserls Phänomenologiebegriff gewissermaßen weiterentwickelt, zeichnet Waldenfels mit sehr klaren Strichen, wie es nach Husserl mit der Phänomenologie in Europa weiterging, welche Wirkungen sie außer in Deutschland auch in Belgien, den Niederlanden, Frankreich, Italien, Großbritannien, den USA und Osteuropa hatte bzw. noch heute hat. Dann stellt er ihre Einflüsse auf solche Einzelwissenschaften wie Psychologie, Psychoanalyse, Ästhetik, Theologie, Logik, auf die Naturwissenschaften und die Rechts- und Sozialwissenschaften dar.

Eine übersichtliche Vorstellung der phänomenologischen Bewegung enthält auch das Handbuch von E. Ströker/P. Janssen, *Phänomenologische Philosophie,* Freiburg/München 1989, in welchem ebenso auf den Göttinger, Münchener und Freiburger phänomenologischen Zirkel wie auf die phänomenologischen Einzelgänger Scheler, Heidegger, Sartre, Merleau-Ponty und Lévinas eingegangen wird. Eine ausgezeichnete Dokumentation der phänomenologischen Bewegung in Text und Bild bis etwa 1940 mit einer ausführlichen Biographie Husserls enthält auch der anläßlich seines 50. Todestages 1988 im Auftrag des Husserl-Archivs Freiburg im Breisgau von H.R. Sepp herausgegebene Band *Edmund Husserl und die phänomenologische Bewegung. Zeugnisse in Text und Bild,* Freiburg/München 1988. Aus gleichem Anlaß erschienen 1989 zwei Aufsatzsammlungen, welche die eigentlichen Leistungen der Husserlschen Phänomenologie wieder deutlicher in Erinnerung brachten: C. Jamme/O. Pöggeler (Hg.), *Phänomenologie im Widerstreit. Zum 50. Todestag Edmund Husserls,* Frankfurt/M. 1989, und E.W. Orth (Hg.), *Profile der Phänomenologie. Zum 50. Todestag von Edmund Husserl,* Freiburg/München 1989.

Das letztgenannte Buch wurde als Band 22 in der Reihe *Phänomenologische Forschungen* publiziert, die von E.W. Orth im Auftrag der Deutschen Gesellschaft für phänomenologische Forschung e.V., München herausgegeben wird. In dieser Reihe erschienen seit 1975 beinahe jährlich zwei Bände zu ausgewählten Fragestellungen der Phänomenologie.

Über spezielle Themenfelder und Problembereiche der Husserlschen Phänomenologie gibt es inzwischen eine fast unüberschaubare Anzahl von Untersuchungen: sei es zu Logik, Erkenntnistheorie und Ontologie, Zeit, Raum und Ding, Kommunikation und Intersubjektivität, Vernunft und Wahrheit oder zum transzendentalen Ego, zu Faktizität und Lebenswelt. Von den vielen vergriffenen Büchern einmal abgesehen, sind heute noch immer mehrere hundert Abhandlungen über Husserl und die Phänomenologie im Buchhandel erhältlich. Aus der Fülle der spezielleren Untersuchungen können hier aber wieder nur einige empfohlen werden, womit alle anderen keineswegs herabgesetzt sein sollen.

Besonders hinzuweisen ist auf M. Heidegger, *Prolegomena zur Geschichte des Zeitbegriffs,* Frankfurt 1979. Er enthält eine ebenso anregende wie klare Darstellung der Husserlschen Phänomenologie, in welcher deren wesentliche Entdeckungen untersucht, gegen Mißverständnisse verteidigt, aber auch aus Sicht des Verfassers kritisiert werden.

Weiter sei auf eine weniger bekannte Abhandlung von H. Wagner aufmerksam gemacht: Kritische Betrachtungen zu Husserls Nachlaß, in: H. Wagner, *Kritische Philosophie,* Würzburg 1980, S. 362-396. Sie darf als eine der hervorragendsten Kurzdarstellungen von Husserls Denken bewertet werden, in welcher nicht nur dessen Werk angemessen gewürdigt, sondern auch auf die neukantianische Philosophie der damaligen Zeit bezogen und kritisch hinterfragt wird.

Sehr anspruchsvoll sind E. Tugendhats Ausführungen zum Wahrheitsbegriff in *Der Wahrheitsbegriff bei Husserl und Heidegger,* Berlin 1970; M. Theunissens Untersuchungen zur Intersubjektivität bei Husserl in *Der Andere,* Berlin/New York 1981; L. Landgrebes Untersuchungen zur rätselhaften Existenz von Husserls absolutem Ich in *Faktizität und Individuation,* Hamburg 1982, und K. Helds Betrachtungen zur Zeitproblematik bei Husserl in *Lebendige Gegenwart,* Den Haag 1966.

Herausragende Abhandlungen zur Rezeption von Husserls Philosophie im Ausland sind B. Smith, Phänomenologie und angelsächsische Philosophie, in: *Philosophischer Literaturanzeiger,* 37

(1984), S. 387-405; A. Alles Bello (Hg.), *The Great Chain of Being and Italien Phenomenology,* Dordrecht/Boston/London 1981; C. Struyker Boudier, Phänomenologie in den Niederlanden und Belgien, in: *Phänomenologische Forschungen,* 10 (1980), S. 176-200; H. Masayuki, Die Phänomenologie in Japan, in: *Zeitschrift für philosophische Forschung,* 37 (1983), S. 299-315; A. Haardt, *Husserl in Rußland,* München 1993, und nicht zuletzt die umfassende Darstellung von B. Waldenfels, *Phänomenologie in Frankreich,* Frankfurt/M. 1983, in einem Land, in dem Husserl größtes Interesse fand und noch heute im Werk etwa von Derrida oder Lyotard, um nur zwei der wichtigsten Namen zu nennen, immer wieder begegnet.

Eine kritische Auseinandersetzung mit Husserls Phänomenologie, in welcher unter Hinweis auf die unleugbare Übermacht und Übergröße der realen Welt die grundlegenden Annahmen seines Denkens in Frage gestellt werden, findet sich in H. Blumenberg, *Lebenszeit und Weltzeit,* Frankfurt/M. 1986, und F.J. Wetz, *Lebenswelt und Weltall,* Stuttgart 1994.

Zeittafel

1859	Edmund Husserl wird als zweites von vier Kindern am 8. April 1859 in Proßnitz (Mähren) geboren
1876-88	Studium der Mathematik, Physik und Philosophie in Leipzig, Berlin und Wien
1882	Dissertation in Mathematik: *Beiträge zur Theorie der Variationsrechnung*
1883	Promotion zum Dr. phil.
1887	Heirat mit Malvine, geb. Steinschneider
	Habilitationsschrift: *Über den Begriff der Zahl. Psychologische Untersuchungen*
1887-1901	Privatdozent in Halle
1891	*Philosophie der Arithmetik. Psychologische und logische Untersuchungen*
1900/01	*Logische Untersuchungen. Erster und Zweiter Teil*
1901	Ernennung zum außerordentlichen Professor in Göttingen
1906	Ernennung zum ordentlichen Professor in Göttingen
1911	*Philosophie als strenge Wissenschaft* in *Logos* Bd. 1
1913	*Ideen zu einer reinen Phänomenologie und phänomenologischen Philosophie. Erstes Buch*
1916	Berufung nach Freiburg als Nachfolger von Heinrich Rickert
	Sohn Wolfgang fällt vor Verdun
1928	Emeritierung
	Vorlesungen zur Phänomenologie des inneren Zeitbewußtseins
1928/29	*Formale und transzendentale Logik*

1931	*Cartesianische Meditationen* in französischer Sprache, deutsch postum 1950 erschienen
1935	Vorträge vor dem Wiener Kulturbund über »Die Philosophie in der Krise der europäischen Menschheit«
1936	Prager Vorträge über »Die Krisis der europäischen Wissenschaften und die Psychologie« *Die Krisis der europäischen Wissenschaften und die transzendentale Phänomenologie.* Die ersten beiden Teile erscheinen in der Belgrader Zeitschrift *Philosophie*
1933-37	Demütigungen durch die Nationalsozialisten: Vorübergehende Beurlaubung, endgültiger Entzug der Lehrbefugnis, Aufforderung zum Austritt aus der von Liebert in Belgrad gegründeten philosophischen Organisation, Ablehnung von Husserls Ersuchen um Erlaubnis zur Teilnahme am IX. Internationalen Kongreß für Philosophie in Paris
1938	Edmund Husserl stirbt am 27. April in Freiburg/Br. an den Folgen einer Rippenfellentzündung